일상생활 고민,
남들은 어떻게 해결할까

Arthur M. Nezu · Christine Maguth Nezu · Thomas J. D'Zurilla 공저
최이순 역

INNER BOOKS 이너북스

Solving Life's Problems

A 5-Step Guide to Enhanced Well-Being

by Arthur M. Nezu, Christine Maguth Nezu, Thomas J. D'Zurilla

우리의 삶에는 많은 갈등과 고통이 따르기도 하지만 일상생활에서 생기는 문제들을 어떻게 해결하느냐에 따라 삶의 방향은 크게 달라질 수 있다. 즉, 문제 상황을 어떻게 생각하느냐와 어떻게 행동하느냐에 따라 행복해질 수도 있으며, 그렇지 않을 수도 있다.

이 책은 '문제해결요법'의 보조 안내서로, 일반 사람들이나 환자들이 읽으면서 스스로 자가치료하도록 도움을 주는 책이다. 『문제해결요법』이라는 책을 역자가 번역하는 과정에서 이 책을 새롭게 접하였는데, 그 내용을 일반인들 혹은 환자들이 읽어도 매우 좋을 것으로 여겨졌다. 또한 독서요법으로도 활용하기에 적절하다는 생각에서 『문제해결요법』의 번역을 마치면서 바로 이 책의 번역 작업에 들어가게 된 것이다.

이 책에서 말하는 여러 가지 합리적인 사고방식은 정서적인 면에서 볼 때 우리 문화권에서는 다소 생소하게 느낄 수도 있다. 그래서 이해와 수긍은 가지만 독자들이 그 내용을 실제로 실생활에 적용하기란 쉽지 않을 수 있다. 그러나 한 번 실천해 보고 자주 연습해 본다면 행동 변화에 도움이 되고 행복한 길로 가는 길잡이가 될 것이라고 확신한다. 원본의 의도가 가능한 한 충실히 반영되도록 번역하였으나 우리의 정서상 이해가 더 잘되도록 하기 위해서 표현 방식에 있어서는 여러모로 많은 주의를 기울였다. 이 책은 환자들이 자가요법을 위해 읽어도 좋고, 일반인들이 행복해지기 위해서도 쉽게 읽고 적용할 수 있는 내용들을 담고 있다.

이 책은 모두 9장으로 구성되었다. 1장에서는 독자들이 왜 이 책을 읽어야 하는지 그 이유를 설명하였으며, 2장에서는 행복을 증진시키는 구체적인 문제해결 태도와 기술을 요약하였다. 3장은 독자 스스로 자신의 문제해결 능력을 간단히 점검하기 위한 검사를 제공하였으며, 4장부터 8장까지는 문제해결 태도와 기술을 실제 일상생활에 어떻게 적용하는지를 구체적으로 기술하였다. 그리고 마지막 장에서는 실제 사례를 들어 이러한 적용이 어떻게 이루어지고 적응적으로 실천되는가를 보여 주었다. 또한 '부록'에는 부족한 부분을 강화하도록 하는 여러 기술을 싣고 있어서 독자가 이를 선택적으로 사용할 수 있을 것이다.

이 책은 번역본으로서 서양 사람을 대상으로 하여 적용한 사례들이 중심이 되었지만, 다음 기회에는 우리나라 사람들을 대상으로 한 문제해결 사례들을 모은 책이 나올 수 있었으면 하는 바람이다.

이 책이 출간되기까지 여러 분들의 도움이 적지 않았다. 역자의 번역 글을 처음부터 같이 읽고 토론하면서 완성하기까지 도와준 박선미, 이미령, 전효진 선생에게 감사 드린다. 특히 막내 오빠와 정신과 의사인 문황선 선생님은 보다 읽기 쉬운 표현이 되도록 세세한 곳까지 지적해 주는 등 역자의 작업을 여러모로 도와주었다. 이들에게 무어라 말할 수 없는 고마움을 느낀다. 그 외에 이 책이 출판되기까지 조언을 아끼지 않은 많은 분들에게도 감사 드리며, 아울러 이 책의 출판을 허락해 준 김진환 사장님 및 저작권 담당 서한나 씨와 편집부의 모든 분들에게도 감사 드린다. 끝으로 이 책을 읽는 사람들 모두의 마음이 보다 평안하고 행복해지기를 간절히 바란다.

2009년 10월
최이순

차 례

Contents

1
왜 이 책을 읽어야 하는가

Emily Dickinson

문제는 쌓여 있는데, 또 다른 문제가 다가온다. 에밀리 디킨슨

　여러분은 머릿속이 온통 흐려지는 것처럼 기분이 축 처지고, 슬프고, 우울한 느낌이 든 적이 있는가? 미래에 대해서 스트레스를 받고, 긴장하고, 혼란스러우며 걱정해 본 적이 있는가? 직장에서 힘든 문제가 있고, 승진이 어렵고, 취직하는 것이 어려운가? 삶의 의미를 찾고 있는가? 여러분의 아이들, 부모님, 형제, 친구 혹은 이웃과 논쟁을 하고 있는가? 결혼 생활이 만족스럽지 못한가? 배우자와 대화하는 것에 문제가 있는가? 성 생활은 만족스러운가? 외로운가? 좋은 인간관계를 원하는가? 취미 생활에서 여전히 즐거움을 느끼는가? 일이 꼬여 있다고 생각하는가? 체중을 줄이고, 담배를 끊고, 건강한 생활양식을 유지하는 데 어려움이 있는가? 심장에 문제가 있거나 당뇨병이 있는데, 의사가 처방한 지시 사항을 따르기가 어려운가? 진로와 관련하여 중요한 결정을 내리는 데 어려움이 있는가? 직업을 바꿀 것인가? 결혼을 할 것인가? 아이를 더 낳을 것인가?

　더 나열할 수도 있지만 이 책을 읽는 사람은 누구든지 적어도 위 질문 중 하나쯤은 '그렇다'고 답할 것이다. 그래서 어떻다는 것인가? 우리 모두가 문제를 갖고 있는 마당에……. 여러분은 왜 이 책을 읽어야 하는가? 이 책은 이러한 문제를 다루는 데 지속적으로 어려움을 겪는 사람들, 일상생활에서 많은 문제와 긴장에 대처하려고 시도하였으나 실패한 경험이 있는 사람들 그리고 문제를 해결하려고 시도하였으나 결국 상황이 더욱 악화된 사람들을 위한 자조self-help 안내서로서 만들어졌다. 어디가 잘못됐는지, 왜 실패했는지, 스트레스가 왜 그들을 지배하고 있는지에 대해 알지 못하는 사람들을 위한 것이다. 또한 상대적으로 안정적이고 잘 살아가고 있지만 신체 건강이 나빠서 의사로부터 처방받은 약물을 복용하거나 운동 혹은 다른 건강한 생활 습관을 갖도록 최선의 노력을 다해야 하는 사람들에게도 이 책은 필요하다. 또한 이제까지는 잘 적응하고 살아왔지만 최근 들어 매우 복잡하거나 심각하고 미묘한 상황의 문제를 처리해야 하는 사람들에게도 이 책은 도움이 된다. 이러한 상황 중 어떤 것은 당신에게 해당될 수 있다. 만약 그렇다면, 그것은 당신이 이 책을 읽는 이유가 될 것이다.

이 책은 당신의 삶을 변화시킬 수 있다

삶을 헤쳐 가는 여행에서 우리는 끊임없이 도전을 받게 된다. 이 장의 시작 부분에 인용한 시에서 에밀리 디킨슨Emily Dickinson이 언급한 것처럼, 때때로 문제는 결코 끝이 나지 않을 것처럼 보이기도 한다. 우리가 목표를 이루는 데 흔히 나타나는 장애물이나 방해물이 이 같은 문제들로 다가오기도 하고, 또는 전혀 예상하지 못했는데 누군가로부터 뜻하지 않게 개인적인 부탁을 받으면 문제 상황으로 느껴지기도 한다. 어떤 문제는 가족 구성원, 직장 동료, 이웃, 친구와 같은 사람들과의 관계에서 발생한다. 그리고 현재 상황을 달리 바꾸어 보려고 무엇인가를 꾸준히 실천하는 과정에서도 문제가 생기는 것을 경험한다. 한편 타인이 무신경하고, 인정머리 없고, 이기적이며, 상처를 주는 방식으로 우리를 대할 때도 문제 상황은 발생할 수 있다. 어떤 때는 질병이나 사고와 같이 예기치 않은 일들로 인해 우리가 겪는 문제들이 더 커지기도 한다. 반대로 우리의 문제들 중 어떤 것은 내부로부터 일어나기도 하는데, 공포, 분노, 슬픔, 후회와 같은 것은 우리 자신의 취약성 때문에 나타난다. 대부분의 문제가 이러한 요인들이 조합되어 일어나는 것이다.

　우리가 확신하는 한 가지 사실은 삶은 문제로 가득 차 있다는 것이다. 그러나 더욱 중요한 사실은 문제에 대처하는 방법을 학습하는 것이 우리의 정신 건강과 신체 건강에 중요하다는 점이다. 예를 들어, 심리학자와 건강 전문가들은 성공적이지 못한 대처의 결과가 어떠한지를 수십 년간 과학적으로 연구해 왔는데, 다음에 열거한 것들이 효율적이지 못한 문제해결 방법과 긴밀한 관련이 있다는 것을 밝혀냈다.

　＊ 우울
　＊ 불안

* 자살 사고와 행동

 * 부부 문제

 * 자녀 양육 문제

 * 알코올과 물질 남용

 * 좋지 않은 건강 습관

 * 공격성

 * 의학적 혹은 건강한 생활양식을 따르는 것의 어려움

 * 만성 질병의 관리에 대한 어려움

 * 걱정

 * 저조한 학업 수행

 * 좋지 않은 업무 습관

 * 바람직하지 않은 신체적 증상 예: 혈압 상승, 생리통, 요통

 * 외상 후 스트레스 장애

 반면에 효과적인 문제해결은 낙관주의, 희망, 높은 자존감과 자신감, 향상된 건강과 정서적 행복 등 삶 전반에 대한 강한 만족감과 관련이 있다고 밝혀졌다. 효과적으로 문제를 해결하는 사람은 문제를 위협적으로 보기보다는 성장을 위한 기회나 긍정적인 변화로 본다. 그들은 문제를 다룰 수 있는 충분한 능력이 있다는 자신감을 가지고, 문제에 대해 빠른 결정을 하거나 회피하려고 하기보다는 깊이 생각하며 계획적이고 체계적인 방식으로 반응하려고 한다. 이러한 효과적인 문제해결 기술은 개인이

삶에서의 긴장이나 문제에 대해 더욱더 성공적으로 대처할 가능성을 높여 준다.

더욱 중요한 것은 수십 년간 이루어진 과학적 연구에서 밝혀진 바와 같이 효과적인 문제해결 기술을 훈련받은 사람들이 일반 사람들의 전반적인 건강과 정서적 행복에 큰 영향을 미칠 수 있다는 것이다. 사람들이 '삶의 어려움을 다루는 데 있어 더 나은 문제해결자가 되도록 돕는 것'이 곧 이 책의 주요한 목적이다. 문제에 성공적으로 대응하기 위해서 이 책에서 제시하는 기법과 도구는 삶의 모든 문제에 적용될 수 있다. 이러한 지침은 특정한 형태의 상담, 즉 '문제해결요법'으로 알려진 임상적 연구에서 수십 년 동안 개발된 삶의 기술 훈련에 기반을 두고 있다. 스트레스, 우울, 불안, 자살, 다양한 행동 문제, 부부 문제와 대인관계 문제, 암, 당뇨병, 만성 통증과 같은 건강 상태 그리고 물질 남용과 비만의 재발 방지와 같은 영역에서 문제해결적 상담을 통해 증상이 개선될 수 있다는 것이 과학적 연구를 통해 입증되었다.

이와 같이 이 책은 어떤 유형의 문제든지, 인생의 어떤 상황에서든지, 모든 사람들을 위한 책이 될 것이다. 또한 당신이 속해 있는 지지 집단, 지역사회 센터, 모스크_{이슬람교의 예배당} 교회에서 집단 토론의 일부로 사용하는 것을 비롯하여 양육 방법 혹은 부부 문제, 가족 문제를 풀어 나갈 때도 사용할 수 있으며, 개인 상담 혹은 치료의 일부로 사용할 수도 있다.

지금까지 일상생활에서 일어나는 문제에 대해 이야기하였

다. 이제 우리가 이야기하는 문제와 효과적인 해결책이란 무엇인지 정의해 보자.

문 제

　문제라는 것은 일을 마치고 돌아오는 길에 지갑을 잃어버리는 것과 같은 하나의 사건 혹은 상황이 될 수도 있고 또는 배우자와 끊임없이 논쟁하는 것, 직장 동료와의 갈등 혹은 계속되는 재정적인 부담과 같이 일련의 사건이 지속되는 것일 수도 있다. 또한 친밀한 관계를 맺는 것을 두려워하거나, 만성적인 요통이 있는 것, 가족의 죽음을 맞아 슬픔을 극복하기가 어려운 상황과 같이 더 깊고 복잡한 내용의 문제를 수반할 수도 있다.

　본질적으로, 당신이 처해 있는 현재의 상황과 당신이 원하는 상황과의 불일치차이, 괴리가 있을 때 이를 문제라고 말하는 것이다. 당신이 목표에 다가가려 할 때 그 통로를 가로막는 다양한 장애물이 존재하기 때문에 문제가 발생하게 된다. 그런데 재미있는 일은 똑같은 상황이 한 사람에게는 문제로 다가오지만, 다른 사람에게는 전혀 문제가 되지 않을 수 있다는 점이다. 일반적으로 목표 성취에 대한 장애물로서의 상황즉, 왜 그 상황이 그 사람에게 문제가 되는가?은 다음과 같은 것들을 포함한다.

* 새로움 혹은 낯섦 '무엇을 해야 할지 모르겠어.'

* 복잡성 '이건 너무 복잡해.'

* 목표에 대한 갈등 '무엇을 선택해야 할지 혼란스러워.'

* 기술 부족 '어떻게 하는지 몰라서 못하겠어.'

* 자원 부족 '그렇게 할 만큼 충분한 시간이 없어.'

* 불확실성 '어떻게 되어 가고 있는 거지?'

* 정서적 곤란 '시도하고 실패하는 것은 두려우니까 하지 않는 게 나을 것 같아.'

문제가 무엇인지 정의되었으니, 이제 효과적인 해결책이란 무엇인지를 알아보자.

해결책

해결책이란 문제의 본질을 변화시켜서 더 이상 문제로 나타나지 않게 하려는 시도즉, 장애물을 극복하고 목표가 성취되는 혹은 변화시킬 수 없는 상황에 대해서는 자신의 부정적인 반응을 바꾸는 것이다. 예를 들어, 심각한 부부 문제를 경험하고 있는 밥Bob과 폴라Paula의 경우를 보자. 만약 그들이 둘 다 문제를 해결하기를 바란다면즉, 그들의 부부 관계를 개선하는 것, 극복 가능한 장애물은 부정적인 의사소통, 양육 철학의 차이, 가치에 대한 갈등, 제한된 재정적 자원 등이 있다. 여기서 문제해결의 지침은 그들의 부부 관계를 개선하기 위해서 밥과 폴라가 그러한 장애물을 극복하도록 돕는 것에 맞추어질 것이다. 그런데 조금 다른 시나리오를 가정해 보자. 밥은 결혼을 유지하기를 바라지만, 폴라는 '밥은 좋은 친구이기는 하지만 나는 더 이상 그를 사랑하지 않아요. 우리 둘은 인생의 목표가 너무 다르고, 나는 이 결혼 생활을 더 이상 유지하고 싶지 않아요. 불행히도 나는 우리가 너무 빨리 결혼한 것 같다는 생각이 들어요. 그건 실수였어요.'라고 생각한다. 만약 폴라가 계속 이렇게 느낀다면 밥의 해결책은 더 이상 '결혼을 유지하고 폴라가 자신을 다시 사랑하게 하도록 하는 것'이 될 수 없다. 대신에 그는 '결혼 생활이 끝났음을 받아들이고, 자신의 인생을 계속해서 살아갈 수 있게 하는 것'이 필요하다.

이것은 매우 중요한 점이다. 어떤 문제는 바뀔 수 있고, 당신은 어떤 방식으로든 예를 들면, 장애물을 극복하는 환경을 변화시킴으로써 그것을 해결하기 위해 최선의 시도를 할 것이다. 그러나 만약 문제가 바뀔 수 없는 것이라면, 고민에 휩싸여 건강을 해치기보다는 당신의 행복을 위해서 자신의 반응 비통함, 우울, 불안, 분노 등을 바꾸려고 노력하는 것이 더 중요하다. 덧붙이자면, 삶의 문제들은 대부분 복잡하기 때문에 문제해결 혹은 스트레스에 적응하기 위한 우리의 목표는 종종 두 가지 유형, 즉 변화와 수용이다.

앞의 목표에 대한 설명에 덧붙여서 효과적인 해결책이란 긍정적인 결과는 최대화하고, 부정적인 결과는 최소화하는 것이다. 장애물을 이겨 내는 것이 효과적인 해결책이지만 만일 문제해결 과정에서 효과가 꽤 좋다거나 혹은 실제 성과가 부정적으로 나타나는 경우라면 해결책은 아주 다른 형태가 되어야 한다. 이에 관해서는 다음에 의사결정 방법에 대해 이야기할 때 더 세부적으로 다루기로 한다 7장 참조.

우리는 문제란 무엇인지, 효과적인 해결책이란 무엇인지에 대해 정의하였다. 당신은 문제와 문제해결이 우리의 전반적인 행복에 어떻게 영향을 주는지에 관해 여전히 의문을 가질 것이다. 우리의 건강과 행복에 있어서 스트레스의 영향을 알아보기 위해 수십 년 동안 이루어지고 있는 연구모델에는 일상생활에서 문제를 해결하려는 노력이 스트레스와 어떻게 연관되는지를 조사하는 항목이 포함되어 있다.

문제해결과 스트레스

인간으로 살아간다는 것은 간단히 말하면 누구나 문제 상황을 경험한다는 것을 의미한다. 실제로 우리는 날마다 문제를 경험한다. 대부분의 일상적인 문제는 지각하는 것, 열쇠를 잃어버리는 것, 물건을 사고 잔돈을 거슬러 받지 않는 것과 같은 작은 것들이다. 그러나 때때로 우리는 상사나 동료와의 문제, 빚을 갚을 만한 충분한 돈이 없는 것, 대인관계의 갈등과 같은 더 큰 일상적인 문제들을 경험하기도 한다. 어떤 문제들은 일시적으로는 작은 것이라 할지라도 시간이 흘러도 지속된다면 큰 스트레스가 되기 마련이다. 그러므로 스트레스가 쌓이기 전에 그것을 해결할 수 있다면 상황은 더 좋아질 것이다.

불행히도, 삶은 우리에게 훨씬 더 큰 문제들을 안겨 준다. 그것은 구조 조정으로 인한 실직, 이혼, 의미 있는 관계가 끝나는 것, 사랑하는 사람의 죽음, 중요한 과제의 실패 혹은 질병을 얻는 것과 같이 전반적인 삶의 질에 부정적인 영향력을 미칠 수 있는 삶의 주요한 사건들에서 비롯된다. 이러한 유형의 주요 사건들은 종종 부가적으로 더 세부적인 문제들을 야기할 수 있어서 다시 원래의 주요 문제를 더욱더 악화시키는 악순환이 된다. 이 상황은 흔히 '스트레스'로 불린다. 예를 들어, 관계에서 상실을 경험하는 것은 개인의 삶을 쉽게 변화시킬 수 있다. 결과적으로 관계의 상실을 경험하는 사람은 정서적인 고통, 신체적 증상, 미래에 대한 걱정, 전반적인 활동에서의 변화, 또 다른 인간관계의 문제, 재정적 문제 등을 경험하게 된다. 이러한 부가적인 문제들은 우리에게 걱정, 슬픔, 외로움, 예민함을 가져오는 한편, 타인과의 관계가 단절된다거나 직장에서 심각한 문제가 생기는 등의 다른 주요한 문제나 사건을 일으키게 한다. 두 가지 유형의 상황, 즉 매일의 소소한 문제뿐만 아니라 일상생활의 주요 사건도 스트레스를 야기한다는 사실을 기억하는 것이 중요하다.

스트레스의 정의

우리는 종종 스트레스가 우리 자신에게 해롭다는 말을 듣는데, 과연 그것이 사실일까? 이 질문에 답하기에 앞서 우리가 이야기하는 스트레스가 과연 무엇인지를 먼저 밝혀야 한다. 대부분의 사람들은 앞에서 설명했던 것과 유사한 방식으로 우리가 겪는 크고 작은 압력이라든가 문제들을 스트레스라고 생각한다. 행동 과학자들은 전반적인 스트레스 진행과정에서 이 부분을 스트레스원스트레스의 원인이 되는 것, stressors 혹은 스트레스성 사건 stressful events이라고 부른다. 우리가 이러한 스트레스원에 대해 어떤 사고와 감정 그리고 행동으로 반응하는가 하는 것은 스트레스의 중요한 이차적 부분이다. 스트레스는 이러한 문제와 우리가 반응하는 방식이 조합된 스트레스원우리가 직면하는 문제들과 요구받는 것들의 결과라는 사실을 이해하는 것이 중요하다. 이것은 기억해야 할 중요한 정의인데, 그 이유는 우리가 직면하게 되는 스트레스원의 개수와 강도를 바꿀 수 없다고 하더라도, 적어도 스트레스원에 대한 우리의 반응은 바꿀 수 있기 때문이다. 우리가 더 많은 스트레스원을 만들어 내는 방식으로 반응한다면 스트레스는 증가한다. 반대로 우리가 스트레스원에 효과적인 방식으로 대처한다면 스트레스를 줄일 수 있다.

스트레스의 부정적 영향

만약 우리가 스트레스를 부정적으로 생각한다면, '스트레스는 우리에게 나쁜 것인가?'라는 질문에 대한 대답은 '그렇다'가 될 것이다. 지나친 스트레스는 해로운 정서적·신체적 결과를 야기한다. 그런데 어떤 스트레스는 우리가 방심하지 않고 동기를 부여하도록 도움으로써 긍정적으로 작용하는 반면, 지나친 스트레스는 신체 건강에 부정적인 영향을 미칠 뿐만 아니라 정서적인 어려움 슬픔, 걱정, 강한 분노 등을 초래할 수도 있다. 또한 스트레스는 생각하는 방식에도 문제를 일으키는데, 예를 들면 스트레스가 있는 상태에서는 실패에 대한 생각을 더 많이 하게 되고, 혼란스러워하거나 혹은 심사숙고하지 않고 결정을 내림으로써 곤란한 상황에 처하게 된다. 스트레스가 많아지면 간혹 우리의 행동 또한 달라지고 지치거나 피곤해지며 회피하는 경향을 갖게 된다. 또는 쉽게 흥분하고 공격적이거나 충동적이 된다. 스트레스는 몸과 마음에 많은 변화를 일으키는데, 심혈관계 질환이나 스트레스와 관련된 면역장애와 같은 다양한 건강 문제에 중요한 위험 요인이 된다. 이러한 사실은 그리 놀라운 일이 아니다. 연구에 따르면 급성 스트레스 또는 만성 스트레스와 관련된 우울, 불안, 분노와 같은 부정적인 감정은 질병의 위험 요소로 작용할 뿐 아니라 현재의 문제들을 악화시킨다. 예를 들어, 정서적인 고통은 혈압 상승, 요통, 편두통, 천식, 위장 문제, 혈당 증가, 심박 수 변이 저하, 면역 기능의 손상 등과 관련이 있다는 것이다. 그러므로 스트레스의 부정적인 영향을 줄인다면 놀랍게도 다음과 같은 것이 가능해진다는 사실을 알게 될 것이다.

* 전반적인 삶의 질이 향상된다.
* 정신적·신체적 건강이 좋아진다.
* 바람직한 행동 변화를 이끌도록 돕는다.

이것이 문제에 대한 대처란 무엇인가를 모두 말해 준다. 당신이 유능한 문제해결자가 된다면 스트레스의 부정적인 영향을 줄일 수 있다. 이 책에서 제안하는 프로그램은 당신이 더욱더 행복해지기 위한 수단으로 인생의 문제를 해결하는 5단계 방법을 가르쳐 준다.

왜 문제해결에 대한 책은 있고 해결책을 제공하는 책은 없는가

만일 문제가 생길 때마다 이에 대한 안내서가 있어서 마땅한 해결책을 찾기 위한 차례를 찾아볼 수 있다면 얼마나 좋겠는가? 그러나 불행히도 삶이란 그런 것이 아니어서 문제를 경험하는 사람마다 자신의 문제에 맞는 해결책은 서로 다르다. 이 책을 읽고 있는 당신 역시 다른 사람들과는 다른 고유한 사람이다. 당신이 다른 사람들과 비슷한 문제 대인관계 문제와 같은를 경험하고 있다 하더라도 각 개인의 상황은 저마다 다르다. 사실 당신이 대인관계 문제를 겪는 다른 누군가와 동일한 문제 상황에 처해 있더라도 그 이유는 서로 매우 다를 수 있다. 당신과 유사한 문제를 겪었던 친구나 가족이 그 문제에 대해서 당신에게 해 주었던 조언이 불필요하고 부정확한 것이었다는 사실을 기억해 보라. 당신은 아마 '음, 그 해결책은 당신에게는 도움이 되었겠지만, 내 경우는 달라요.' 라고 생각했을 것이다.

어느 한 문제에 대해 어떻게 대처해야 하는지 그 해결책을 당신에게 제시한다면, 이것은 사람들 사이에 존재하는 수많은 차이 개인차를 부정하는 것이 된다. 게다가 우리가 앞서 말했던 것, 즉 '삶은 문제로 가득 차 있다.' 는 말이 사실이라면 우리는 끊임없이 문제에 대한 해답집 특정 문제의 해결책을 담고 있는을 만들어야 하는 셈이고 이렇게 되면 다른 일을 할 시간을 갖지 못할 것이다. 다음 속담은 이 책의 밑바탕에 깔려 있는 기본 개념이다.

"사람들에게 물고기를 주면 그들은 하루 동안 먹는다.
사람들에게 물고기를 잡는 법을 가르쳐 주면
그들은 평생 동안 먹을 수 있다."

달리 말하면, 당신이 삶의 문제를 효과적으로 해결하는 능력을 갖게 되면, 이것은 끊임없이 당신의 행복에 밑거름이 되고, 더 많은 행복을 누릴 수 있도록 도와준다.

이 책에 대하여

이 책은 당신이 문제를 좀 더 잘 해결하는 사람이 되도록 도와줄 것이다. 어떤 사람에게는 이러한 기술이 꽤 새로울 것이다. 만약 이런 기술들을 이미 알고 있는 사람이라면 실생활 부분에 이를 응용할 수 있을 텐데, 예를 들면 직무상의 인간관계에서 문제가 생긴다면 이것의 해결을 위해 의사결정에 대한 특정 전략 기술을 언제든지 활용할 수 있다.

어떤 경우든 이 책은 당신이 전반적인 삶의 질을 개선하기 위해서 스트레스성 문제에 더욱더 효과적으로 대처하는 것에 중점을 두고 있다. 이 프로그램은 수십 년간의 과학적인 임상 연구에 기반을 두고 있다는 점을 기억하기 바란다. 필자의 입장에서는 당신에게 도움이 되는 조언을 하기보다는 이제까지 오랜 세월의 연구를 거쳐 알려져 온 지침을 제시함으로써 모든 사람들이 삶의 스트레스에 더욱더 효과적으로 대처하고 좀 더 행복해지도록 돕는 것이 바람이다.

다음 장에서는 문제해결을 성공적으로 하기 위한 5단계 방법을 설명할 것이다. 그리고 3장에서는 현재 당신이 갖고 있는 문제해결의 강점과 약점을 파악할 수 있도록 자가 테스트를 소개한다. 당신이 어느 부분에 특히 도움을 필요로 하는지 그리고 어떠한 부분에서 강점을 보이는지 파악하고 문제해결력을 키우기 위한 것이다. 4장부터는 이러한 5단계 모형 각각에서 구체적이고 상세한 훈련 내용을 제시한다. 마지막으로 이 모델을 다양한 일상사에 어떻게 적용할 수 있는지에 관한 예시를 보여 줄 것이다.

반드시 기억해야 할 사항

 상황을 기록해 나가라

메모가 필요한 경우를 생각해서 노트나 일지를 준비하라. 이 책의 전반에 걸쳐서 다양한 문제해결 도구를 사용하는 능력이 향상되도록 하는 여러 가지 문제해결 이행표worksheet를 어떻게 사용하는지에 대해 기술할 것이다.

 연습에 연습을 거듭하라

운전, 스포츠, 악기와 같은 기술을 배울 때와 마찬가지로 지속적인 연습을 해야만 향상을 가져올 수 있다. 골프나 테니스를 배우는 경우를 생각해 보자. 무엇인가를 배울 때 관련 서적을 빨리 읽고 연습은 가끔씩만 하면 된다고 생각하는 것은 어리석다. 만약 당신이 남부럽잖은 테니스 선수가 되기를 원한다면 가능한 한 많은 연습을 하려고 할 것이다. 때로는 몇 번이고 다시 백핸드 스윙을 연습하고, 때로는 정식 경기에서 당신보다 실력이 뛰어난 선수와 경기를 할 것이다. 같은 방식으로, 어떤 기술이 유용해지기 위해서 당신은 연습에 연습을 거듭해야만 한다. 진전이 느린 경우에 연습을 계속하는 것은 매우 힘든 일이다. 그러나 당신의 삶을 변화시키는 것은 '묘약'이 아니라 단지 연습과 끈기라는 초심을 잃지 않는다면 당신의 성공 가능성이 더욱더 커질 것이다. 이것은 당신을 위한 것이고 당신은 그렇게 할 만한 가치가 있다는 것을 기억하라. 변화는 시간을 필요로 한다. "로마는 하루아침에 이루어지지 않았다." 당신이 하룻밤 사이에 변화하기를 기대할 수는 없는 것이다.

🕐 능동적인 독자가 되어라

소설을 읽을 때보다 더 천천히 이 책을 읽어라. 의문점이 들 때는 읽는 것을 멈추고 그것이 무엇을 말하는지에 대해 생각할 시간을 가져라. 결말이 어떠한지 보기 위해서 책장을 건너뛰지 마라. 어떤 특정 아이디어가 도움이 되겠다 싶은 일상생활의 여러 상황들을 생각해 보라. 당신이 겪는 다른 상황에 적용하기 위해서 전략을 어떻게 변화시키면 될지 생각해 보라. 배우자, 친구 혹은 가족 구성원과 당신의 경험을 어떻게 공유할지에 대해 생각해 보라. 당신과 관련 있는 부분을 많이 읽으면 읽을수록 당신이 그것을 배우고 변화할 가능성은 더 커진다.

🕐 진전이 있는지 확인하라

상황이나 행동이 개선되고 있는지 확인하기 위해서 이행표를 작성해야 한다는 것을 명심하라. 이행표를 토대로 당신 스스로 실제로 어떻게 해 나가고 있는지를 판단할 수 있다. 이 밖에 당신이 느끼는 전체적인 정서적 행복감을 파악해 나가는 것이 중요하다. 그렇게 하려면 당신에게 적합한 잣대를 간단히 만들어 보는 것이 좋다. 예를 들면, 만약 당신이 대인관계 문제 때문에 슬픔을 느낀다면, 이러한 문제에 대처하는 당신의 진전을 확인하기 위해 1~7전혀 슬프지 않음 ~ 매우 슬픔의 잣대를 사용하는 것이다. 또는 당신에게 의미가 있는 간격예를 들면, 4주 동안을 두고 자신의 감정을 평가하는 것이다. 그것을 노트나 일지에 꾸준히 기록하라. 당신이 스트레스성 문제를 해결해 감에 따라 슬픔의 수준이 실제로 감소하는지를 보는 것이다. 또한 3장에서는 당신이 갖고 있는 전반적인 문제해결의 강점과 약점에 대한 테스트를 제공한다. 문제해결에 대한 진전이 있는지를 확인하는 또 다른 방식은 3장에서 이 테스트를 해 본 다음, 이 책에 기술된 문제해결의 5단계를 연습하고 난 몇 달 후에 다시 해 보는 것인데, 이렇게 하면 당신이 전반적인 문제해결을 향상시켜 나가는 과정을 평가할 수 있다.

 자신에게 상을 주어라

이러한 문제해결 기술을 습득하기 위해 노력한 자신에게 상을 주도록 하고 또한 진전된 부분에 대해서는 스스로를 기특하게 생각하라. 작은 변화가 매우 중요하다. 당신이 궁극적인 목표를 성취할 때까지 기다리지 마라. 큰 승리는 항상 작은 승리의 집합체로 구성되어 있다. 새 CD를 사는 것, 영화를 보러 가는 것, 스포츠 관람 티켓을 끊는 것, 새 옷을 사는 것, 멋진 레스토랑에 가는 것 혹은 당신을 기쁘게 하는 다른 일들을 함으로써 자신에게 상을 줄 수 있다. 성공의 수준에 맞는 상을 주도록 하라. 큰 성공에 대해서는 큰 상을 주는 것이다. 당신이 쏟은 노력과 이루어 낸 진전이 스스로를 보상하는 상으로 이어지도록 해야 한다. ✸

2 ADAPT : 일상의 문제를 해결하는 5단계

A D A P T

Attitude

Define

Alternatives

Predict

Try out

바람의 방향은 바꿀 수 없지만, 돛을 조정할 수는 있다. 돌리 파튼

5단계 순서 외우기: ADAPT

　문제해결 방법의 5단계를 되새기기 쉬운 약자를 알고 있다면 일련의 순서를 기억하기가 더 쉬울 것이고, 특히 격한 감정이나 어려운 문제를 경험하게 될 때는 더욱 유용할 것이다. 당신이 효과적인 문제해결의 5단계를 잘 기억하도록 하기 위해서 ADAPT 라는 약어를 사용하고자 한다. 문제해결을 통해서 당신이 인생의 스트레스와 제약을 더욱 성공적으로 조절하거나 적응할 수 있다는 의미가 이 약자에 잘 함축되어 있다 'adapt'는 상황에 '적응한다'는 의미이므로. 돌리 파튼Dolly Parton의 말처럼, 삶에 대처한다는 것은 때때로 우리 자신을 조절하고 적응시킬 필요가 있다는 것인데, 왜냐하면 우리가 아무리 하고 싶다 하더라도 세상과 세상 사람들을 마음대로 좌지우지할 수는 없기 때문이다.

　과학적인 연구에 따르면 이들 5단계 각각은 성공적인 문제해결을 위한 독립적인 역할이 있는 것으로 밝혀졌으며, 삶에서 직면하는 다양한 스트레스성 사건에 더 효과적으로 대처하도록 당신을 도울 것이다. 이 책의 후반부에서는 각 단계를 나타내기 위해 별도의 지면을 할애할 것이다.

　효과적인 문제해결을 위한 5단계는 다음과 같다.

attitude

[태도]　이 단계에서는 문제와 자신의 문제해결 능력에 대해 긍정적이고 낙관적인 태도_{예: 문제 수용 태도}를 취하도록 돕는다.

define

[정의]　긍정적인 태도를 취한 다음에는 관련 정보를 모으고 목표 달성을 방해하는 장애물을 파악한 후, 현실적 목표를 명시함으로써 문제를 정의하도록 한다.

alternatives

[대안책]　정의된 문제를 바탕으로 확인된 장애물을 극복하고 문제해결의 목표를 달성하기 위한 여러 가지 대안_{해결책}을 생성하도록 한다.

predict

[예측]　생성된 해결책 각각에 대해 긍정적 결과와 부정적 결과를 예상해 보고, 이득은 최대로 하고 손실은 최소화하면서 문제해결의 목표를 달성할 가능성이 가장 큰 해결책을 선택하도록 한다.

try out

[실행]　선택된 해결책을 실생활에서 실행해 보고 스스로 그 효과를 살피도록 한다. 결과에 만족하면 문제가 해결된 것이니 자축할 일이다. 그러나 결과에 만족하지 못하면, 다시 A단계로 돌아가서 처음부터 다시 시작하여 보다 효과적인 해결책을 찾도록 한다.

이러한 단계들이 너무 단순하다고 여겨질지 모르겠다. 그러나 말로 하면 매우 단순하지만, 실제로 어려운 문제를 행동으로 옮기는 것에는 많은 노력과 수고가 필요하다. 복잡한 문제에 대처하거나 특히 감정적으로 강한 반응이 있는 경우에는 간혹 현재 단계에서 그 이전 단계로 돌아갈 필요도 있다. 많은 과학적 연구에서 밝혀진 것처럼 이러한 방식으로 접근하는 것이 스트레스를 줄이고, 부정적인 감정을 다스리며, 스트레스원에 적응하는 능력을 증가시키고, 전반적인 삶의 질을 향상시키는 효과적인 방식이라는 사실을 되새기는 것이 중요하다. 각 단계를 기술하기 이전에 당신이 갖고 있는 문제해결의 강점과 약점을 진단·평가하도록 도와주는 검사를 스스로 해 보기를 바란다. 🌑

3 자신만의 문제해결의
강점과 약점 파악하기

Fransis Bacon

아는 것이 힘이다. 프랜시스 베이컨

왜 문제해결에 대한 당신의
능력과 태도 및 생각을 평가하는가

문제해결을 잘하는 사람이 되려면 먼저 당신이 갖고 있는 전반적인 문제해결 능력과 태도를 알아보는 것이 유용하다. 이를 통해 자신이 가진 독특한 문제해결의 강점과 약점이 확인된다. 그렇게 해서 당신의 경우 어떤 기술에 상대적으로 적은 도움이 필요하고, 어떤 기술에 더 많은 훈련과 연습이 필요한지를 가늠할 수 있다.

다음 단락에서는 당신이 일반적인 문제해결 능력과 기술을 스스로 평가하도록 문제해결 검사Problem-SolvingTest를 작성하도록 한다. 이 검사는 심리학자 즈릴라D'Zurilla, 네즈Nezu 그리고 메이듀-올리바레스Maydeu-Olivares가 개발한 사회적 문제해결 검사-개정판Social Problem-Solving Inventory-Revised의 자기 보고식 질문지에 기초한 자가검사다. 이 검사는 실생활에서의 문제해결에 관한 연구에 기초한 것으로서 이들 문항은 연습이 필요한 특정 영역뿐만 아니라 현재 당신이 갖고 있는 문제해결 능력의 강점을 평가해 준다.

문제해결의 강점과 약점 찾기

 지 침

   당신의 문제해결 방식을 스스로 평가할 수 있도록 하기 위한 문제해결 검사 양식을 여기에 싣는다. 이 검사를 통해 당신의 문제해결의 강점과 약점을 대략 파악할 수 있으나 중요한 것은 가장 많은 연습을 필요로 하는 것에 스스로 주의를 집중하는 일이다. 이러한 방식으로, 이 책을 당신의 심리적 · 정서적 상태를 강화하기 위한 개인 트레이너로 생각할 수 있다. 검사 문항에는 일상생활에서 문제에 직면했을 때 당신이 생각하고, 느끼며, 행동하는 방식을 묻는 문항이 포함되어 있다. 검사를 시작하기 전에, 일상생활에서 당신을 상당히 괴롭히고 있지만 그 상황을 더 나은 방향으로 바꾸는 방법 혹은 그것을 멈추는 방법을 바로 생각해 내지 못하는 어떤 중요한 이유가 있는지 잠시 생각해 보라. 그 문제는 당신 자신의 사고, 감정, 행동, 건강, 외모 등이나 타인 가족, 친구, 교사, 상사 등과의 상호작용 혹은 당신의 재산과 소유물 집, 차, 재산, 돈 등에 관한 어떤 것일 수 있다.

문제해결검사

각 문항을 잘 읽고 당신이 어느 수준에 해당되는지를
생각하여 다음 중 하나를 골라 번호를 적으십시오.

> ① 전혀 그렇지 않다 ② 조금 그렇다
> ③ 보통이다 ④ 그렇다 ⑤ 매우 그렇다

1. 해결해야 할 중요한 문제가 생겼을 때 두려움을 느낀다. (   )
2. 의사결정을 할 때, 내가 가지고 있는 많은 선택권에 관해 신중히
   생각한다. (   )
3. 중요한 결정을 해야 할 때 긴장되고 자신이 없어진다. (   )
4. 문제를 해결하기 위한 나의 첫 번째 노력이 실패할 때, 해결책을
   찾는 것이 너무 어려워서 빨리 포기한다. (   )
5. 때때로 어려운 문제들은 오히려 나의 생활을 긍정적인 방향으로
   나아가게 하는 방법이 될 수 있다. (   )
6. 만약 문제를 회피하면 대부분 저절로 해결될 것이다. (   )
7. 문제해결에 성공하지 못한다면 매우 좌절할 것이다. (   )
8. 하려고만 한다면 나는 어려운 문제를 효과적으로 해결하는 것을
   배울 수 있다. (   )

9. 문제에 직면했을 때, 어떻게 할지 결정하기 전에 분류하고 분석하며 정의함으로써 왜 그것이 문제인지 신중하게 이해하려고 한다. (   )

10. 일상생활에서 문제를 회피하기 위해 할 수 있는 일은 무엇이든지 하려고 한다. (   )

11. 어려운 문제들은 나를 매우 감정적으로 만든다. (   )

12. 의사결정을 할 때, 실행에 앞서 시간을 가지고 가능한 각 선택에 대해 긍정적인 결과와 부정적인 결과를 예상해 본다. (   )

13. 문제를 해결하려고 할 때, 마음속에 가장 먼저 떠오르는 생각을 선택한다. (   )

14. 당황하면 혼자 있고 싶어 한다. (   )

15. 스스로 중요한 결정을 내릴 수 있다. (   )

16. 문제에 관한 모든 사실을 알기 전에 종종 먼저 반응해 버린다. (   )

17. 문제를 해결하는 방법을 생각해 낸 다음에 성공적으로 실행하기 위한 계획을 세운다. (   )

18. 문제해결을 할 때 가능한 한 많은 생각을 한다. (   )

19. 실제로 문제해결을 위한 것보다 걱정하는 데 더 많은 시간을 보낸다. (　)

20. 문제해결에 관한 나의 목표는 가능한 한 빨리 부정적인 생각을 멈추는 것이다. (　)

21. 문제를 최소한으로 유지하기 위해 다른 것들과의 마찰을 피하려고 애쓴다. (　)

22. 누군가가 나를 화나게 하거나 내 감정을 상하게 할 때, 나는 항상 같은 방식으로 반응한다. (　)

23. 문제를 이해하려고 노력하는 것은 상황을 파악하는 데 도움이 된다. (　)

24. 개인적인 문제에 대해 체계적이고 계획적인 사람은 너무 차갑거나 사무적으로 보인다. (　)

25. 부정적인 것일지라도 정서는 문제해결을 위한 노력에 도움이 될 수 있음을 이해한다. (　)

지금 이 25가지 문항에 대한 답을 노트에 적어 보자. 문제에 직면하여 행동하는 방식과 관련하여 각 항목을 신중하게 읽고 5점 척도에서 자신에게 해당되는 숫자_{즉,} ① ~ ⑤ 가운데 하나를 선택한다. 요즘의 일상생활에서 중요한 문제에 직면했을 때 당신이 대체로 어떻게 생각하고 느끼며 행동하는지를 살펴보면 된다. 모든 질문에 가능한 한 정직하게 답해야 한다_{당신의 상황은 당신만이 알기 때문이다.}

이 검사는 당신이 어떠한 유형인가를 답하는 것이지, 해야 할 것 같거나 또는 하고 싶은 것을 골라서 답하는 것이 아님을 유의해야 한다. 그리고 검사한 날짜를 일지에 기록하도록 한다. 효과적인 문제해결을 위한 5단계를 배우고 연습한 후에, 전반적인 문제해결 능력을 향상시키는 과정에서 진척이 있는지 스스로 알아보기 위해 필요한 경우 다시 검사를 해 보는 것이 좋다.

검사를 수행한 후에는 자신이 기입한 것을 찬찬히 읽어 본다. 검사의 채점 방법을 알아보기 전에 먼저 이 검사가 평가하는 문제해결의 주요한 유형_{차원}에 대해 간략히 설명하고 또한 이들 검사 영역에서 강점과 약점이 실생활에서 어떻게 나타나는지 예를 들어 살펴보기로 한다.

문제해결의 주요 형태

수십 년간의 임상 연구에 기초하여 증명되어 온 실생활 문제해결의 다섯 가지 차원은 다음과 같다.

* 긍정적 문제 수용 태도
* 부정적 문제 수용 태도
* 합리적 문제해결 스타일
* 충동적 스타일
* 회피적 스타일

문제 수용 태도

문제 수용 태도란 문제에 대해 우리가 보통 생각하고 느끼는 방식을 일컫는 것인데, 문제에 대처하는 자신의 능력에 대해 어떻게 바라보는지에 대한 입장이기도 하다. 즉, 늘 쓰고 다니면서 세상을 바라보는, 일상생활에서 문제를 바라보는 '안경'과 같은 개념을 말한다. 이러한 생각과 느낌은 정서적 · 신체적 평온함뿐만 아니라 문제해결 태도와 노력에도 상당한 영향을 미칠 수 있다. 연구에 따르면 문제 수용 태도는 긍정적인 문제 수용 태도와 부정적인 문제 수용 태도로 구분된다.

 ## 긍정적 문제 수용 태도

긍정적인 문제 수용 태도는 보다 성공적인 문제해결과 연관되는 것으로서 일반적으로 문제를 위협으로 보기보다는 도전으로 보고, 현실적인 낙관주의적 태도로 문제를 해결 가능한 것으로 믿으며, 자신이 성공적인 문제해결자가 될 수 있다는 믿음을 가진다. 즉, 자신감을 가지고, 어려운 문제를 해결하는 것이 종종 인내와 노력을 필요로 한다는 것을 이해하며, 문제를 회피하기보다는 해결하는 데 전념하는 것과 같은 일련의 태도를 말한다.

 ### 실생활 예시

사라Sara는 매우 긍정적인 문제 수용 태도를 가졌다. 그녀는 프로골프 대회를 위해 훈련하다가 발목이 부러진 후에 고통스러운 재활치료, 수입의 감소, 자신의 가족에게 짐이 될 것이라는 걱정에 직면하게 되었다. 그러나 재활과정을 견뎌 내려고 노력하고 생활비를 벌어야 하는 상황을 자존감과 가족을 압도하는 위험이라기보다는 직면해야 하는 도전으로 받아들인 것은 그녀의 문제해결 노력에 도움이 되었다. 비록 완벽한 해결책은 아니지만 자신이 가진 창조적인 능력과 다른 사람들에게서 받는 지지가 상황을 개선하는 데 도움을 준다는 사실에 희망을 가졌다. 그녀는 인내와 노력으로 자신감을 얻었고, 이러한 방식으로 상황을 개선할 수 있었다.

부정적 문제 수용 태도

　부정적인 문제 수용 태도는 성공적이지 못한 문제해결과 관련된 것으로서 일반적으로 문제를 자신의 행복에 대한 주요한 위협으로 보고, 자신의 문제해결 능력에 대해 의심하며, 좌절하고 당황하며, 문제에 직면했을 때 정서적인 고통에 압도되는 태도를 말한다.

 실생활 예시

　주디Judy는 부정적인 문제 수용 태도를 가지고 있다. 앞서 기술한 사라와 비슷한 사고를 겪었을 때, 주디는 사고 때문에 이전과 같은 신체적 활동을 더 이상 할 수 없을 것이고 가족에게 부담을 주게 되었다는 생각에 두려웠다 그녀는 주부이면서 열정적인 육상선수였다. 남편이 현재의 어려운 상황을 의논하자고 할 때마다 그녀는 매우 감정적으로 대했는데, 그러한 그녀의 태도는 어려운 상황을 개선하려고 도우려는 가족을 어렵게 만들었다. 상황이 더 어렵게 되자, 주디는 지금의 상황 자체가 바로 자신이 남편에게 짐이 된다는 증거가 아니냐고 주장했다. 더구나 운동도 하지 못하고 가사에도 도움을 주지 못한다는 사실 때문에 마음이 편치 못하고 기분이 좋지 않았으며 자존감이 낮아졌다.

문제해결 스타일

문제해결 스타일은 스트레스성 문제에 반응하는 일반적인 방식으로 연구에 따르면 세 가지 스타일이 있는데, 그중 하나는 적응적인 것으로서 성공적인 문제해결과 관련되는 반면에 나머지 둘은 성공적이지 못한 문제해결 및 부적응적인 것과 관련된다.

⏰ 합리적 문제해결 스타일

이 스타일은 계획적이고 신중하며 체계적인 방식으로 문제해결에 접근한다. 합리적 문제해결 기술을 많이 가진 사람들은 문제에 직면했을 때 '과학적인 방법'의 유형을 따르고, 대부분의 사람들이 신중하고 합리적인 판단이라고 인정하는 방식으로 생각한다. 이 유형의 사람들은 문제에 관한 사실과 정보를 수집한다. 또한 장애물을 정확하게 확인하고, 현실적인 문제해결 목표를 설정하며, 장애물을 극복하기 위해서 다양한 대안을 생성한다. 또한 이들 대안의 장단점을 확인하고 비교하며, 비용-이득 분석에 기초하여 효과적인 해결책을 고안하고, 실제 결과를 신중하게 감독·평가하는 동시에 그 계획을 최적으로 실행하는 경향이 있다.

실생활 예시

　　두 아이의 아버지이자 이혼남인 밥Bob은 매우 합리적인 문제 해결 기술을 가진 사람이었다. 외지로 발령이 나서 아이들과 멀리 떨어져 있어야 하는 문제에 직면했을 때, 그는 먼저 자신에게 중요한 일련의 목표들을 목록으로 만들었다. 발령지로부터 아이들을 만나러 오는 데 드는 비용과 같은 장애 요소들을 구체적이고 정확하게 확인하였으며, 그의 목표를 충족시키는 데 도움이 되는 대안 전략을 창의적으로 만들었다. 그는 이혼한 부인이 이 상황을 잘못 받아들이지 않도록 주의하였고, 자신뿐만 아니라 관련된 모든 사람들, 특히 아이들에 관한 장기적·단기적 결과에 비추어 깊이 생각하여 결정하였다. 최종적으로 그는 만족할 만한 결정을 내려서 아이들을 계속 양육할 수 있었다.

충동적 스타일

　　이 스타일은 문제를 해결하기 위해 적극적인 시도는 하지만, 부주의하고 서두르며 불완전하고 생각의 범위가 좁은 특징이 있다. 이러한 유형의 사람들은 문제에 대한 몇 가지 해결책만 고려하며, 종종 가장 먼저 떠오르는 생각을 충동적으로 따른다. 게다가 결과의 가능한 범위를 대충 훑어보고 그 결과를 부적절하게 감독한다. 이러한 성향이 강한 사람들은 충동성과 부주의 때문에 문제해결에 있어서 대개 효과적이지 못하다. 스스로가 '좋은 아이디어는 직감에 따르는 것이다.' 라고 여기기 때문인지도 모른다.

실생활 예시

　치료자가 산드라Sandra에게 분명한 선택을 하라고 하면, 그녀는 번번이 "모르겠어요. 내가 무엇을 원하는지……. 그게 잘못된 건가요?"라고 말한다. 산드라에게 있어서 이것은 분명히 좋은 상황은 아니다. 산드라는 다양한 상황을 두루 생각하지 않고, 무엇이 그녀의 문제를 불러일으키는지 생각하지 않는다. 산드라는 종종 기분에 따라 충동적으로 행동하는 자신을 느낀다. 예를 들면, 자신이 행동한 뒤에 따르는 결과와 실망을 고려하지 않은 채 폭음을 한다든가 친구들과 밤새워서 메신저로 수다를 떤다. 산드라는 결국 근본적인 문제를 해결하려고 노력하기보다는 충동성 때문에 대개 당장의 기분이 좋아지는 방향으로 행동한다.

 ### 회피적 스타일

　문제해결의 두 번째 부적응적인 스타일은 문제해결을 미루고, 수동적이며, 문제가 있음을 부정하고, 자신의 문제를 해결하는 일에 있어서 타인에게 의존하는 것이다. 이 부분에서 높은 점수를 얻는 사람들은 문제에 정면으로 맞서기보다는 회피하려 하며, 가능한 한 문제를 미루고, 저절로 해결되기를 기다리며, 문제해결에 대한 책임을 타인에게 떠넘긴다. 이처럼 문제를 회피하거나 부정하는 경향은 스트레스성 문제에 효과적으로 대처하지 못하게 만든다.

실생활 예시

사람들은 종종 제이크Jake에게 실망한다. 그는 친절한 면도 있지만 한편으로 종종 지킬 수 없는 약속을 한다. 예를 들면, 가족의 일정을 확인하지도 않고 친구들을 집에 초대한다거나, 생활비는 고려하지 않고 아이들에게 무엇인가를 사 주겠다고 하는 등의 일을 저지른다. 제이크는 자신이 원하는 대로 할 기회가 거의 없는 엄격한 집안에서 자랐다. 그는 돈에 대해서 생각하거나 자신이 원하는 것을 하려 할 때 항상 누군가에게 동의를 구해야 한다는 사실이 싫었다. 불행히도, 자신의 결정에 뒤따르는 결과에 대해 현실적으로 생각하지 않다 보니 약속을 취소하거나 다른 사람들을 실망시키는 상황을 초래하는 것이다.

검사지의 채점을 위한 지침

무엇이 효과적이고 비효과적인 문제해결 방법인지 알았으니, 이제 자신의 문제해결의 강점과 약점을 알아보자. 다음은 앞서 검사한 문항을 채점하고 해석하는 방법에 관한 구체적인 지시 사항이다.

🕐 문제해결에서 당신의 강점과 약점은 무엇인가

다음의 다섯 가지 문제해결 항목에서 당신이 체크한 숫자들을 더하면 점수가 매겨진다. 검사 항목은 문제해결 능력의 강점과 약점으로 구분된다. 문제해결 능력을 마치 신체 운동이나 훈련 시의 체력 관리와 같이 여기면 도움이 된다. 문제해결에서 당신의 강점을 증가시키고 약점을 줄인다면, 매일 직면하는 일상생활의 문제를 관리하고 정신적 · 정서적 · 신체적 건강을 유지하는 '심리적_{마음의} 상태'를 갖는 데 도움이 된다.

👤 문제해결의 강점 척도

긍정적 태도 점수: 5, 8, 15, 23, 25번 항목의 합

긍정적 태도 총점 (1): _____

합리적 문제해결 기술 점수: 2, 9, 12, 17, 18번 항목의 합

합리적 문제해결 기술 총점 (2): _____

👤 점수에 대한 설명

긍정적 태도에 속하는 항목과 합리적 문제해결 기술에 해당되는 항목에서 점수가 12점 이하로 나온다면 당신은 일상적인

문제의 스트레스에 대하여 '문제해결력이라는 근육을 강화하고', 심리적인 회복을 향상시키기 위해 교육이 책을 주의 깊게 차근차근 읽어 나가는 방법을 통해서과 훈련 그리고 연습스스로 하거나 혹은 치료과정에 있다면 치료자의 도움을 받으면서이 필요하다는 것을 의미한다.

점수가 12~18점이라면 당신은 어느 정도 강점을 갖고는 있지만, 합리적 문제해결 기술, 긍정적인 태도 혹은 두 가지 모두를 향상시키기 위한 연습을 한다면 더 좋은 결과를 얻을 수 있다.

점수가 18~25점이라면 당신은 이미 긍정적인 태도와 매우 합리적인 문제해결 기술을 갖고 있음을 나타낸다. 이미 훌륭한 심리적 조건을 갖추고 있기 때문에 다른 문제해결 영역에서도 훈련을 잘하고 문제해결 기술을 보다 쉽게 배울 수 있을 것이다.

🔲 문제해결의 약점 척도

부정적 태도 점수: 1, 3, 7, 11, 16번 항목의 합

부정적 태도 총점 (3): _____

충동성 점수: 4, 13, 20, 22, 24번 항목의 합

충동성 총점 (4): _____

회피성 점수: 6, 10, 14, 19, 21번 항목의 합

회피성 총점 (5): _____

앞의 세 가지 척도의 점수는 강점 항목이었던 (1), (2) 경우의 반대 방향으로 생각하면 된다. 점수가 12점 이상이 나온다면, 당신은 문제를 다룰 때 문제해결을 위한 노력을 방해하는 특성을 갖고 있다는 것을 의미한다.

부정적 태도 점수가 12점 이상일 경우에는 문제를 부정적인 방식으로 생각하는 경향이 있고, 스트레스를 받는 상황에서 감정 관리에 어려움이 있음을 나타낸다. 점수가 높으면 높을수록 문제해결 수용 태도가 더욱 부정적인 것이고 따라서 그러한 부정적인 사고 패턴의 변화에 대한 필요성은 더욱 커진다.

충동성 점수가 12점 이상이라면 조심성이 부족한 경향이 있어서 최선이 아닌 결정을 하는 경우가 종종 있음을 나타낸다. 그러므로 부정적인 정서를 견뎌 내거나 줄이는 방법을 배우는 한편, 행동하기 전에 멈추어 서서 문제에 대해 생각하거나 정의하고 다른 여러 가지 가능한 선택을 고려하도록 자신의 생각과 감정을 확장하는 법을 배워 나가야 한다.

회피성 점수가 12점 이상일 경우에는 문제를 회피하는 경향이 있다는 것이다. 이러한 방식으로 문제에 반응하는 패턴은 문제해결에 도움이 되지 않으며, 곤란한 상황에 효과적으로 대처하지 못하도록 한다. 다른 사람들과 논쟁을 해야 하는 상황에서 쉽게 물러선다거나 방을 나가 버린다거나 혹은 걱정이 있거나 슬플 때는 생각과 감정을 머릿속에서 지워 버리려 하고 주의를 다른 곳으로 돌려 버리는 경향을 보인다. 이 경우 당신은 문제에 직면했을 때 경험하는 공포감을 줄이고 불안을 견디는 훈련을 할 필요가 있다.

문제해결 훈련 연습하기

자신이 가진 문제해결의 강점과 약점이 무엇인지 알았다면, 이제는 자신에게 특히 유용하고 스트레스성 문제를 좀 더 효과적으로 다루도록 도와주는 새로운 기술들을 배우고 연습할 준비가된 셈이다. 여러 측면에서, 마치 헬스클럽에서 근육을 단련시키는 것처럼 일상생활의 문제를 더 효과적으로 관리하기 위한 대처기술을 향상시킬 수 있다. 이 책에서는 전체적으로 문제해결 검사 점수를 통해 확인된 약점에 특히 초점을 두고 있다. 또한 이미 갖고 있는 강점을 다시 한 번 인식하고 그것이 문제해결을 위한 노력에 어떻게 도움이 될 수 있을지 계속해서 자각하는 것이 중요하다. 비록 당신이 강점을 많이 가졌고 다른 특정한 영역에서 부가적인 도움을 필요로 하지 않는다 하더라도, 이러한 영역에서 자신의 강점이 전반적인 문제해결 능력을 어떻게 향상시키는지를 알기 위해서는 훈련을 하는 것이 가치 있는 일이라는 사실을 유념하라. 아직 어떤 것을 배우게 될지 모르지만 아마 당신은 자신의 문제해결 능력을 사용하는 것에 흥미를 느끼게 될 것이다.

대체로 당신을 유능한 문제해결자가 되도록 도와주는 본 프로그램의 목표는 다음과 같다.

* 긍정적 문제 수용 태도를 향상시키는 것
* 부정적 문제 수용 태도를 줄이는 것
* 합리적 문제해결 기술을 향상시키는 것
* 충동적 경향을 줄이는 것
* 회피적 경향을 줄이는 것

특정 문제에 대한 반응

자신이 가진 문제해결의 강점과 약점을 잘 이해하는 것 이외에 주어진 문제 상황에서 자신의 사고, 느낌, 행동이 그 문제를 해결하는 데 어떻게 도움을 주고, 어떻게 방해가 되는지를 아는 것도 중요하다. 예를 들어, 우리가 문제를 생각하는 방식에 따라서 성공적인 문제해결을 크게 방해하기도 하고 '이 문제는 해결하기가 너무 힘들어.', '이건 진짜 문제가 아니야.', '결정을 못하겠어.' 반대로 도움을 줄 수도 있다 '이 문제가 어려운 것이더라도 나는 최선을 다할 거야.'.

더구나 문제를 어떻게 느끼는가 하는 것 '이 문제는 너무 복잡하고 두렵기까지 해.', '이 문제 때문에 걱정이 되지만 해결할 수 있을 거야.' 이 결국은 문제를 효과적으로 해결하는 데 영향을 미친다. 어떤 느낌 혹은 어떤 감정적 반응의 유형이 문제를 더 쉽게 해결하는 데 도움이 될 것이라고 생각하는가? 어떤 유형의 느낌이 스트레스에 성공적으로 대처하는 것을 더 어렵게 만들 것이라 생각하는가?

만일 주어진 문제 상황에서 특정한 사고나 느낌 때문에 상황이 더 어려워지는 것이라면 문제가 더 악화되지 않도록 예방하는 것이 중요하다. 그러나 그러기 전에, 주어진 상황에서 우리가 실제로 생각하고 느끼는 것이 무엇인지를 반드시 확인해야 한다. 이와 관련하여 이 책에서는 문제해결 이행표worksheet를 제시하였다. 이행표에는 직면하는 다양한 문제에 대한 자신의 생각, 느낌, 행동을 적는다. 기록하는 습관에 익숙해지면 경험하고 있는 문제들을 이러한 양식에 따라 기술하고, 실제로 그것을 어떻게 해결했는지 혹은 어떻게 대처했는지뿐만 아니라 그에 대한 자신의 생각과 느낌을 기록할 수 있다. 이러한 방법을 통해 자신의 사고와 감정이 문제를 해결하려는 시도를 어떻게 돕거나 방해하는지에 대해 더 잘 이해할 수 있을 것이다.

다음의 문제해결 이행표에 제시된 다섯 가지 영역에 대한 정보를 적기 위해 다시 노트를 꺼내 보자.

* 무엇이 문제인지, 문제의 개요를 기록한다.

* 문제가 발생하기 전과 발생 도중, 발생한 이후의 각각의 상황에서 당신의 생각을 표현한다.
* 문제가 발생하기 전과 발생 도중, 발생한 이후의 각각의 상황에서 당신의 느낌을 표현한다.
* 실제로 자신은 문제에 어떻게 대처했는지에 대한 행동을 기술한다.
* 자신의 대처에 대해 얼마나 만족하는지 1~5_{전혀 만족하지 않음 ~ 매우 만족함}의 점수를 사용하여 평가한다.

최근에 직면했던 문제에 대해 잠시 생각해 보라. 어렵고 힘든 문제도 있었을 것이고, 귀찮거나 짜증나는 소소한 문제도 있었을 것이다. 무엇이 문제를 일으킨 것인지, 그 문제에 대한 생각과 느낌은 어떠한지, 그 문제를 해결하기 위해 무엇을 했는지를 생각해 보라. 생각과 감정은 서로 다르다는 것을 유념하라. 생각은 '이제 뭘 하지?', '그 사람들 때문에 짜증나고 화가 나!', '이 문제는 해결할 방법이 없군.'과 같이 스스로에게 했던 말에 해당한다. 한편, 느낌은 자신이 주관적이고 정서적으로 경험하는 것을 반영하는데, 보통 한두 단어 _{화난, 놀란, 슬픈, 외로운, 의기양양한, 멍한} 등로 요약될 수 있다. 만약 당신이 '그/그녀는 더 이상 나를 좋아하지 않는 것 같아.'와 같은 내용을 느낌을 적는 칸에 기록했다면, 이것은 생각 _{나에 대한 그 사람의 감정이 달라졌다는}을 더 많이 나타낸 것이므로 생각을 적는 칸에 기입해야 한다. 느낌을 적는 곳에는 상황에 대해 자기 자신에게 혼잣말로 하는 것예를 들면, 슬펐다거나, 화가 났다거나, 당황했다거나, 실망했다거나 하는 것들을 기록한다. 문제해결 이행표를 여러 번 작성해 보자. 그리고 자신이 쓴 것을 신중하게 살펴본다. 여러 문제 상황의 이행표를 작성하다 보면, 사고와 느낌의 특정한 유형과 패턴을 발견하게 될 것이다. 부정적인 감정에 휩싸이거나 부정확하고, 과장되고, 스스로를 더욱더 힘들게 만드는 생각이 자꾸 반복된다면 이러한 패턴은 이 책에서 배우게 되는 기법을 활용하여 관점을 바꿀 수 있는 중요한 패턴이라고 이해할 수 있다.

이제 효과적인 문제해결을 위한 5단계 방법을 배우고 연습하고픈 생각이 들 것이다. 4장에서 이러한 단계를 배우기 전에, 다음 절에서는 당신이 전반적인 문제해결 과정을 더 쉽게 이해할 수 있도록 하기 위한 세 가지 지침을 제시한다. 이것이 당신을 문제해결의 유능한 다중처리자multi-tasker가 되도록 하는 데 도움이 될 것이다.

대단한 지능을 가진 유명한 소설 속의 탐정가 셜록 홈스Sherlock Holmes는 매우 어려운 문제를 종종 담배 파이프 3개짜리 문제로 비유하곤 하였는데, 이것은 그가 그 문제를 풀기 전에 적어도 담배 3개비를 피운다는 것을 의미한다즉, 파이프 담배를 3개비는 피워야 겨우 문제 상황을 풀어 나갈 수 있을 만큼 어려운 문제라는 의미다. 사람들은 자신의 내부적이고 본질적인 스트레스성 실생활 문제를 해결하는 것이 어려울 수 있다. 그러나 문제가 도전 이상의 어려운 것이 되는 이유는 여러 과제를 처리하기에는 우리의 능력에 한계가 있기 때문이다. 여러 과제를 동시에 수행한다는 것을 나타내는 '멀티 태스크'multi-task라는 표현은 컴퓨터 시대인 현대에는 잘 알려진 것이다컴퓨터의 마이크로프로세서는 현재 기본적으로 멀티 태스크, 즉 여러 서브루틴을 동시에 수행하고 있음을 나타낸다-역자 주. 막강한 컴퓨터는 성공적인 다중처리자가 될 수 있음에 반해 실생활 문제를 해결하려고 시도하는 인간의 두뇌는 제한된 용량 때문에 여러 과제를 한꺼번에 처리하기가 쉽지 않다.

인지심리학자 마빈 레빈Marvin Levine에 따르면, 문제를 해결하는 동안 의식은 다음의 세 가지 중요한 활동에 실제로 관여한다고 한다. 첫째, 환경으로부터 정보를 가져오고예: 데이터 입력하기 둘째, 필요할 때 해당 정보를 꺼내고즉, 기억 저장고에 있는 정보를 기억해 내거나 재생하는 것 셋째, 기억해 낸 정보를 처리해서 그것을 파악하려고 한다즉, 정보를 결합하거나 추가하며 제거하고, 적절한 다른 조각으로 나타낸다.

그러나 레빈에 따르면, 인간의 의식 용량은 동시에 세 가지 활동을 모두 효과적으로 수행할 수 없기 때문에 한계가 있으며, 특히 정보의 양이 많거나 복잡하면 더욱 그렇다는 것이다. 종종 한 가지 활동은 다른 활동을 방해한다. 예를 들어, 특정한 조건 하에서 문제에 대한 중요한 정보를 기억하려 할 때, 그러한 활동은 문제의 다른 측면을 이해하는 능력에 지장을 줄 수 있다.

이렇게 인간의 의식 용량이 제한되어 있다면불행히도 우리는 뇌의 기억력을 컴퓨터 상점에 가서 돈을 주고 살 수 없다, 일상생활에서 여러 가지 문제에 직면했을 때 우리는 무엇을 할 수 있겠는가?

문제해결의 다중처리를 쉽게 하는 방법

　다행히도 레빈 박사는 제한된 능력의 문제를 다루었을 뿐 아니라, 그러한 장애를 극복하는 간단한 방법도 제시하고 있다_{그는} _{매우 효과적인 문제해결자일 것이다}. 특히 문제해결 과정을 강화하는 데 도움이 되는 기본적인 세 가지 규칙을 제안하였는데, 여기에는 외현화externalization, 시각화visualization, 단순화simplification가 포함된다.

　외현화는 가능한 한 자주 정보를 외적으로 드러내는 것이다. 간단히 말하면, 생각을 종이에 적고, 관계를 쉽게 파악할 수 있도록 도식을 그리고, 목록을 작성하는 것이다. 이 절차는 기억되어 있는 정보를 계속 들추어 내놓아야 하는 의식적 부담을 덜어주므로 다양한 해결책을 창조적으로 생각해 내는 것과 같은 다른 두뇌 활동에 주의를 집중할 수 있게 한다. 지금까지 이 책에서는 기록할 수 있는 노트나 일지를 준비할 것을 권해 왔다. 이 책에서 설명하고 있는 많은 훈련은 목록 작성을 필요로 한다. 이제 당신은 왜 노트가 필요한지 그 이유를 알 것이다.

　시각화는 문제해결 과정에서 가능할 때마다 시각적 이미지가 사용되어야 함을 강조한다. 예를 들어, 이 규칙을 적용하기 위해 당신의 상상력을 동원하여 문제가 되는 상황을 시각화할 수 있을 것이고, 해결책의 대안들을 시험해 볼 수 있다. 연구 결과 시각화는 정보를 더 잘 이해하게 할 뿐만 아니라, 우리의 기억 능력을 촉진하는 강력한 도구라는 것이 밝혀졌다. 여기서의 문제해결 학습 활동 중에는 이러한 시각화 규칙을 사용하도록 하는 것이 포함된다. 다음 장에서는 특정한 문제해결 목표를 시각화해 볼 기회가 주어질 것이다.

단순화는 문제를 더욱 잘 관리하기 위해 문제를 작게 나누거나 단순하게 만드는 것이다. 이 규칙을 적용하기 위해서는 문제와 가장 관련이 깊은 정보에 초점을 맞추고, 복잡한 문제를 관리가 더 쉬운 작은 문제로 나누며, 복잡하고 모호하며 추상적인 개념을 더 간단하고 구체적인 용어로 바꾸어야 한다. 이것은 이 책 전반에서 권하는 규칙이다. 이 규칙을 연습하는 하나의 방식은 앞으로 돌아가서 자신이 완성한 문제해결 이행표를 검토해 보는 것이다. 스스로에게 질문해 보라. '만약 친구가 내가 쓴 내용을 읽는다면 그것을 이해할 수 있을까?', '나는 이행표에 애매하고 불분명한 언어와 아이디어를 기록했는데, 이해할 수 있을까?' 만약 대답이 '아니다'라면, 되돌아가서 단순화 규칙을 토대로 내용을 다시 쓰도록 하라. 그렇게 하는 것이 어렵다면, 자신이 쓴 내용의 핵심을 쉽게 이해하기 위해 어떤 식의 언어를 사용하면 좋을지를 친구와 대화하는 상황을 시각화해 보라. 그리고 이 상황을 써 내려가면서 그것을 검토하고 다시 한 번 단순화한다.

　이제 당신은 문제해결의 다중처리에 대한 일반적인 세 가지 규칙을 알았으므로 효과적인 문제해결을 위한 5단계 방법을 배우고 연습할 준비가 되었다. 4장에서는 긍정적인 문제해결 태도를 강화하는 내용을 다룰 것이다. 🌳

4

【1단계】 태도: 긍정적인 문제해결 태도 수용하기

A Attitude

d Define

a Alternatives

p Predict

t Try out

 Albert Einstein

곤경의 한가운데에 기회가 놓여 있기 마련이다. 알베르트 아인슈타인

Alexander Cockhart

긍정적인 마음은 문제를 해결하는 강한 힘을 가지고 있다. 알렉산더 콕하트

왜 낙관적인 태도를 가져야 하는가

앞서 설명했듯이 긍정적인 문제 수용 태도는 문제를 해결하고 스트레스성 사건에 잘 대처해서 좋은 결과를 얻도록 하는 데 큰 영향을 미친다. 많은 연구들은 부정적인 문제해결 태도가 우울, 불안, 분노, 절망, 자기 비하, 염세주의와 같은 증상을 만들어 상황을 더욱더 악화시킨다는 것을 보여 준다. 반면에 문제해결과 일상생활의 문제에 대해 긍정적인 태도를 가질수록 문제를 성공적으로 해결할 수 있고, 희망을 좀 더 많이 가질 수 있으며, 정신 건강이 좋아진다는 것이 밝혀졌다. 그러므로 낙관적인 태도를 갖도록 노력하는 것은 대단히 중요하다.

'인생은 환상적이야!' 라고 믿기를 바라는 것은 아니다. 그보다는 문제란 인생의 정상적인 한 부분이며, 노력과 시간을 투자한다면 그것들을 대부분 적절하게 다룰 수 있다는 믿음을 가져 보라는 것이다. 다시 말하면 현실적인 낙관주의, 즉 맹목적으로 모든 일이 잘될 거라고 생각하는 것이 아니라, 차근차근 문제를 개선할 수 있으므로 모든 것이 나쁘지는 않다고 보는 것이다. 이것을 보는 또 다른 방식은 '컵에 물이 반밖에 남지 않았다고 생각하기보다는 아직 반이나 남았구나.' 라고 생각하면서 이제 컵에 물을 조금 더 채울 방도를 자신이 마련할 수 있다고 여기는 것이다.

긍정적인 수용 태도를 방해하는 장애물 극복하기

사람들이 긍정적인 수용 태도를 갖는 데 방해가 되는 장애물에는 다음과 같은 것들이 있다.

* 자기 비하
* 부정적인 생각
* 부정적인 감정

당신이 이들 항목 중에 하나라도 해당된다면 그것을 극복하는 데 이 장에 나오는 연습을 따라 하는 것이 도움이 된다. 문제 해결 검사의 긍정적 태도와 부정적 태도 항목에서 몇 점이 나왔는지를 확인하라. 긍정적 태도 점수가 12점보다 낮거나 부정적 태도 점수가 12점보다 높게 나왔다면 여기서 제시하는 기술을 익히기 위해 별도로 시간과 노력을 투자할 필요가 있다. 당신이 만약 치료나 상담과정에 있다면, 당신에게 특별히 중요한 훈련이 무엇인지를 조언받으면 큰 도움이 될 것이다.

자기 비하 극복하기: 성공을 시각화하기

자기 비하나 미래에 대한 좌절감은 간혹 '터널 끝의 빛'을 보지 못하는 결과를 초래한다. 달리 말하면, 어떤 사람들은 자신이 문제를 성공적으로 해결하지 못한다거나 특정한 목표를 성취할 수 없다고 말할지도 모른다. 자기가 겪고 있는 곤란하고 복잡한 문제를 모든 사람이 잘 풀어 나갈 수 있다고 한다면 그 말을 믿기란 어렵다. 시각화에 대한 연구에 따르면 긍정적인 결과를 시각화하게 되면 사람들은 더 낙관적으로 변할 수 있다는 사실이 밝혀졌다.

우리는 상황을 시각화하는 것을 배울 수 있다. 공상에 잠길 때, 과거의 경험을 기억할 때, 휴가 계획을 마음속으로 그려 볼 때, 사랑하는 사람을 생각할 때 당신은 시각화를 한다. 시각화는 우리의 꿈을 실행하고 삶의 목표를 달성하도록 도와주는 강력한 도구다. 운동선수가 속도, 체력, 성적을 향상시키기 위해 머릿속으로 그림을 그려서 시각화하는 것은 일반적인 일이다. 예를 들어, 스케이트 선수는 시합에서 자신이 달리게 될 경로를 시각화하도록 가르침을 받는다. 농구선수에게도 공을 링에 넣는 것을 시각화하도록 가르친다. 시각화하는 것을 연습하면 선수들은 성적을 올릴 수 있게 된다.

희망을 갖게 하는 시각화의 효과와 관련하여 심리학자이자 저술가이며 유태인 대학살의 생존자인 빅터 프랭클Viktor Frankl은 미래에 대한 낙관주의자가 되는 방법으로 특별히 의미 있는 이론을 제시하였다. 프랭클 박사는 그의 저서 『삶의 의미를 찾아서(Man's Search for Meaning)』에서 '실존에 있어서 가장 어려운 순간에 우리를 구원하는 것'은 미래를 시각화하는 개인의 능력이라고 주장하였다. 그는 이 책에서 나치 수용소에서 경험했던, 가슴 아프게 깊숙이 남아 있는 고통과 굴욕의 경험 그리고 지속적으로 자신을 괴롭히는 문제에 대한 기억을 회상하고 있다. 또한 그는 자신의 가장 암담한 시절에 경험한 개인적 통찰personal epiphany에 대해서도 말했는데, 자신의 내면 깊은 곳에서 다른 시간과 공간에 대해 생각할 수 있었다는 것이다. 그는 따뜻하고 잘 설계된 강의실의 강단에 올라서서 경청하는 청중들에게 '포로수용소의 심리학'을 강의하는 자신의 모습을 그려 보았던 시각화 경험에 대해 다음과 같이 기술하였다. "이 방법으로 그 상황, 그 고통스러운 순간에 떠오르는 것을 어떻게든지 잘 처리했으며, 마치 그것들이 이미 과거가 된 것 같은 느낌을 받았다. 고통스러운 감정은 우리가 더욱더 선명한 그림을 그릴수록 사라져 간다." 이 말은 프랭클이 국제적으로 저명한 정신과 의사와 저술가가 되면서 그의 전기를 통해 알려지게 되었는데, 누구도 불가능하다고 생각했던 잔혹한 경험에서 생존할 수 있었던 것은 그가 그 상황에서 시각화 기술을 사용하였기 때문이다. 어렵고 복잡한 문제를 단지 시각화만으로 간단하게 해결할 수 있다는 말은 아니다. 그러나 더 희망적인 미래나 문제가 해결된 성공적인 상황을 시각화할 수 있는 사람들은 문제해결에 대한 노력을 지속하도록 더 많은 동기부여를 할 가능성이 크다.

다음의 시각화 연습에서는 당신이 성공적으로 문제를 해결한 후에 '미래로 여행' 하는 상상력을 발휘해 보도록 한다. 어떻게 미래로 가는지에 대해서는 생각하지 말고 문제해결 목표에 도달한 것만 생각하라. 당신이 어디에 있는지, 누구와 함께 있는지, 무슨 생각을 하는지, 어떤 느낌인지 눈을 감고 상상해 보라. 지금은 당신이 어떻게 문제해결을 할 수 있었는가 하는 것은 문제가 안 된다. 단지 어려운 문제가 해결되었다고 생각하라. 현재 경험하고 있는 어려운 문제를 하나 선택하여 문제가 말끔하게 해결된 상황을 시각화하는 것이다. 이렇게 문제가 해결되었을 때와 지금은 얼마나 다른가? 느낌은 어떤가? 문제가 해결된 것과 관련된 모든 긍정적인 결과를 상상해 보자. 터널 끝의 빛을 보려고 노력해 보라.

사람들은 때때로 어떤 것에 압도되었을 때 문제가 해결된 것과 관련된 잠재적이고 긍정적인 결과보다는 문제와 관련된 부정적인 느낌에 더 많은 주의를 기울인다. 지금의 연습에서는 적어도 무엇인가를 조금이나마 하도록 하는 동기부여가 되도록 단순히 긍정적인 어떤 것을 경험하도록 하는 것이다. 혼자 시각화 연습을 하는 시간을 가져 보라. 시각화와 관련하여 자신이 어떻게 반응하는지를 일지에 적어 두는 것이 도움이 된다. 반드시 날짜를 함께 표기하도록 한다.

만약 이 연습을 해도 별로 도움이 되지 않았다거나 특정 부분에서만 효과가 있었다면, 더 풍부한 내용의 연습 모델을 부록에 포함시켰으므로 이것으로 두 번째 연습을 하도록 한다. 때때로 혼자 시각화하는 것은 어렵기 때문에 별로 도움이 되지 않을 수도 있다. 두 번째 연습에서는 시각화를 더 쉽게 하기 위해 녹음이 가능한 실제 대본을 제시하고 있다. 한편, 이미 앞선 첫 번째 연습으로 도움이 되었다고 생각하는 사람들도 두 번째 연습을 실시하면 문제해결 전문가가 되는 데 한 발 더 다가갈 수 있을 것이다.

부정적인 생각 극복하기:
'건강한 생각을 갖는 법' 배우기

긍정적인 문제해결 태도를 방해하는 두 번째 장애물은 부정적인 생각이다. 부정적인 생각은 때때로 어떤 규칙성을 가진다. 우리는 모두 자신의 머릿속에 있는 규칙에 따라 생각을 떠올린다. 문제는 그 규칙이 매우 부정확하고 때로는 오랜 세월에 걸쳐 자신에게 주입시킨 생각에 기초할 뿐이라는 데 있다. 우리의 머릿속에 스치는 어떤 생각들은 매일매일 자각되는 것은 아니다. 예를 들어, 모든 사람에게 항상 사랑받는 것이 현실적으로 가능하다고 누군가가 말한다면 당신은 무슨 말을 하겠는가? 물론 당신은 그것이 가능하지 않다고 상식적으로 답할 것이다. 그러나 사람들은 누군가가 자신을 좋아하지 않는다는 사실을 알게 되면 흔히 기분이 상하고 두려움을 느낀다. 이러한 경우, 애초에 그것을 기대할 수 없다는 사실에 대해서도 침울해하거나 화를 내게 된다. 이러한 사람들은 자신을 좋아하는 사람들이 많이 있음에도 불구하고 그것보다는 자기를 좋아하지 않는 한 사람에게 더욱더 초점을 둔다. 이렇게 되면 스스로 자신이 늘 실패하거나 자기 기대에 부응하지 못하고 있다는 느낌을 가질 수 있다.

그러나 건강한 생각을 하게 하는 문제해결 도구를 이용한다면, 인생에 관한 다른 견해를 가질 수 있다. 결국 다른 사람들이 기대하는 것이나 그들이 어떻게 반응하는지에 초점을 두기보다는 자신이 하는 것, 노력하는 것, 성취하는 것, 경험하는 것에 초점을 두기 때문에 행복은 자신의 통제에 의해 더 많이 좌우된다. 다른 말로 하면, 그들은 더 정확하고, 객관적이며, 합리적인 '건강한 생각 규칙'에 따른다. 이러한 규칙은 불안감과 우울감을 줄이거나 가족 구성원 혹은 동료와의 관계에서 문제가 발생할 때 큰 도움이 될 수 있다. 또한 스트레스를 관리하고 통제감과 자신감을 촉진하는 예방적인 방법으로도 이 규칙을 사용할 수 있다.

건강한 생각 규칙

건강한 생각 규칙을 갖는다면 스트레스를 받을 때 앞일을 낙관하게 되므로 생기를 찾게 된다. 즉, 실생활에 이러한 규칙을 적용하게 되면 더 현실적이고 객관적으로 생각하게 되어 감정적인 고통이 줄어들 것이다.

[규칙 1] 느끼는 방식은 생각하는 방식에 따라 달라진다. 상황을 어떻게 느끼는가 하는 것은 그 상황을 어떻게 생각하는가에 따르는 것이다.

상황 자체가 당신을 불안하고, 우울하고, 화나게 만드는 것이 아니다. 그 상황에서 자기 마음속에 속삭이는 자신의 말이 무엇이냐에 따라 느낌이 정해진다. 만약 상황을 다른 방식으로 해석하거나 생각한다면 다르게 느껴질 것이다. 오래전 로마의 황제 마르쿠스 아우렐리우스Marcus Aurelius는 "생각하는 방식에 따라 우리의 인생은 달라진다."라고 말했다. 그전에도 붓다Buddha는 "삼라만상이란 우리가 어떻게 생각하는가에 따라 달라진다."라는 비슷한 말을 하였다.

이와 관련하여 생각하는 방식인 ABC 모델을 제시하고자 한다. 여기서 A는 실제 사건 혹은 상황activating event or situation: 당신이 경험하는 사건, B는 믿음belief: 어떠한 상황이라고 믿거나 자기 자신에게 하는 말,

C는 정서적 결과consequence: 자신의 믿음을 토대로 나타내는 감정적 반응를 의미한다. 예를 들어, 어느 직원한테 일을 맡겼는데 그가 일에 비협조적인 경우를 상상해 보자. 당신은 이 상황을 다양한 의미로 해석할 수 있을 것이다. 가령, 그 직원이 당신에게 반감이 있어서 일 처리를 그렇게 한다거나, 그가 게을러서 그러할 것이라고 생각할 수 있다. 또는 당신이 내린 지시 사항이 사리에 영 맞지 않는다고 그가 여겼을 수 있으며, 그것도 아니면 그가 일의 내용을 잘못 이해하고 있을지도 모른다. 또는 자신보다는 이전에 근무했던 상사를 더 존경하고 있다거나, 개인적으로 매우 어려운 위기 상황에 처해 있다거나, 그 일을 잘 해낼 수 없을 것 같은 두려움 때문에 일을 미루고 있다는 등 여러 가지로 생각해 볼 수 있다. 상황을 어떻게 해석하느냐에 따라 어떻게 다른 감정이 초래되는지를 짐작해 보라. 건강하고 합리적인 생각 규칙을 사용한다는 것은 사실에 초점을 맞추고, 자신 혹은 타인에 대해 애매한 추측을 한다거나 예상하는 것을 중지한다는 뜻이다. 이 예에서 직원이 설사 당신에게 좋지 않은 감정이 있어서 그렇게 했다 하더라도, 비협조적인 행동은 그 직원이 태도를 바꾸어야 하는 문제이지 당신이 직접 바꿀 수 있는 것은 아니다.

 [규칙 2] 100% 완벽한 것은 없다. 문제는 인생의 정상적인 부분이다. 우리가 아무리 애쓰더라도 세상을 전부 통제할 수는 없다.

사람이나 사물을 다른 것으로 바꿀 수 있는 방법은 세상 어디에도 존재하지 않는다. 사물이 바뀔 수 있다고 말하는 것은 마술을 믿는 것과 같다. 상황 그리고 관계이란 오랜 일련의 인과관계로 인해 생기는 것이므로, 그중 어떤 것들은 그것을 받아들이는 자신의 태도에 따라 결과가 달리 나타나게 된다. 슬프거나 나쁜 일들이 생기고 모두에게 공평하지만은 않은 것이 인생이다. 원래 그렇게 될 상황이었을 뿐이라고 체념하는 것도 하나의 방법일 수 있다. 이러한 사실을 받아들인다면 자신이 정한 목표에 초점을 맞출 수 있으며, 반복해서 좌절하더라도 목표를 향해 노력할 수 있다. 무엇인가 시도하지 않는다면 아무것도 좋아지지 않는다는 것을 유념하라. 본래 인생이란 문제로부터 자유로울 수 없다. 그러나 우리는 문제가 일어나리란 것을 예상할 수 있다. 돌리 파튼이 말한 것처럼 '바람의 방향은 바꿀 수 없지만, 돛을 조정할 수는 있다!' 는 것을 기억하라.

 [규칙 3] 모든 인간은 실수를 한다, 나조차도.

이것은 피할 수 없는 사실이다. 합리적인 목표 없이 살거나 반복해서 저지르는 자신의 어리석은 행동을 스스로 용납하지 않는다면, 실망과 불행을 그만큼 더 많이 떠안게 될 것이다. 그러나 자신의 실수를 예상하고 경험에서 무엇인가를 배울 수 있다는 믿음을 갖는다면, 새로운 삶의 기술을 얻게 될 가능성이 커진다. 우리 모두는 실수를 한다. 실수를 하지 않으려고 노력해야겠지만, 실수를 했을 때 자신을 처벌하려고 해서는 안 된다. 때로는 자신에게 휴식을 주는 것이 좋다.

 [규칙 4] 부정적인 생각 때문에 불필요하게 소모하는 시간이 많아지면 긍정적으로 생각하는 데서 얻게 되는 즐거움은 그만큼 작아진다.

이 규칙은 간혹 부정적인 생각과 긍정적인 생각 사이에서 망설일 때, 부정적인 생각을 계속 되풀이하는 것과 같은 개인적 선택의 문제를 부각시킨다. 이것은 하나의 선택이라고 할 수 있다. 사랑하는 사람의 죽음을 맞이하는 상황조차도 그 사람과의 관계에서 긍정적인 생각이나 기억이 있다면, 비참함과 같은 부정적인 것보다는 결국 축복과 같은 긍정적인 것에 초점이 맞춰질 수 있다. 어떤 식으로 생각하느냐의 선택은 자신에게 달려 있다.

 [규칙 5] 나쁜 관계 혹은 갈등은 두 사람이 만드는 것이다 갈등은 혼자서는 만들지 못한다.

단단히 비난하려고 벼르거나 자신이 무고한 희생자라고 생각하기에 앞서 당신을 비롯하여 논쟁에 관련된 사람은 거의 예외 없이 논쟁을 지속시키는 데 적어도 30% 정도는 책임이 있다는 것을 기억하라. 비록 당신이 부당한 비난이나 대우를 받았다 하더라도 '규칙 2를 기억하자', 이러한 일이 일어나지 않도록 미리 예방하기 위해 다른 방식으로 행동할 수도 있었을 것이다. 물론 논쟁을 부분적으로 해결하기 위해 자신이 모든 비난을 받는 상황을 만들 필요도 없다.

[규칙 6] 승리는 잊어라. 배움은 더 오래 지속된다. 문제를 위협이 아니라 도전으로 생각하라.

경쟁에는 승자도 있고 패자도 있다. 대부분의 사람들은 지는 것을 좋아하지 않기 때문에 승자가 되려고 애쓴다. 다음번에 어려운 상황 혹은 누군가와의 갈등에 직면하면 스스로에게 '음, 이것은 매우 도전적인 상황이군! 내가 이겨도 별다를 것은 없어. 결국 이긴다는 것이 뭐지? 더 중요한 건 이 상황에서 내가 무언가를 배울 수 있다는 것이 아닐까?' 라고 자신에게 말해 보자. 논쟁에서 이기지 못한 사람이나 누군가가 틀렸다는 것을 증명한 사람 모두 중요한 교훈을 얻을 수 있다. 문제가 생겼을 때 그 상황에서 실제로 무엇을 배울 수 있는가에 초점을 두는 것은 유익하다. 새로운 기술을 얻고 나중에 생길 수 있는 비슷한 문제를 예방하는 방법을 배우거나 자신에게 있어서 중요한 무엇인가를 발견할 수 있다. 우리는 역경으로부터 성장할 수 있다. 문제로부터 우리가 얻을 수 있는 것들을 생각해 보자. 미국의 시인 앤 브

래드스트리트Anne Bradstreet는 "겨울이 없으면 봄은 이만큼 즐거울 수 없다."라고 말했다. 우리가 때때로 역경을 경험하지 않는다면 성장을 이만큼 기쁘게 맞이할 수 없는 것이다.

규칙 적용하기

자신에게 가장 도움이 되는 한두 가지 규칙을 염두에 둔 다음에 수시로 이것을 되새겨 보는 것이 도움이 된다. 예를 들어, '규칙 3'이 당신에게 정말로 의미가 있다고 하자. 가령 당신이 간혹 실수할 때 그것을 실수로 인정하는 것이 정말 싫어서 누군가가 당신이 실수했다고 비난한다면 그럴 때마다심지어 건설적인 비판임에도 화를 내면서 반응한다고 하자. 이러한 경우 화가 폭발한 순간에 상황이 더 이상 악화되도록 방치해서는 안 된다. 하루에도 몇 번씩 자신에게 규칙을 말하고 충고나 건설적인 비판을 구하는 연습을 하라. 그 규칙을 자신에게 다른 방식으로 말하는 연습도 필요하다. 예를 들어, '모든 인간은 실수를 한다, 나조차도.'라고 말한다거나 '나는 실수를 할 수 있다.', '훌륭한 사람들도 실수를 한다.', '내가 실수를 인정하면 실수로부터 무언가를 배우는 데 도움이 된다.', '스스로를 실수하지 않는 유일한 인간이라고 여기는 것은 엉뚱하고 어리석은 짓이다.' 와 같이 자신만의 표현으로 개인적인 규칙을 만들어 보는 것이다. 그러고 나서 자기가 저지른 실수가 있다면 이때 훈련의 차원에서 이번 일은 자신이 잘못했다는 것을 다른 사람들 앞에서 인정하도록 노력해 보는 것이다.

슬프고, 불안하고, 혼란스럽고, 스트레스를 받는다고 느껴진다면 '규칙 1'에서 기술했던 사고의 ABC 모형을 적용해 본다. 사건 'A'에 대해 자신에게 하는 말 혹은 '사건의 상황은 이러한 것일 거야.'라고 믿는 것, 즉 'B'가 무엇인지를 확인하자. 확인 결과, 만약 '~해야 한다, ~해야만 한다, ~임에 틀림없다'와 같은 단어를 자주 사용하는 자신의 모습이 보인다면예를 들어, '나는 승진해야만 한다.', '그녀는 나를 좋아해야만 한다.', '나는 가능한 한 빨리 이 문제를 풀어야만 한다.', 당신은 건강하지 않은 생각을 하고 있을 가능성이 크다. 앞서 건강한 생각으로 기술된 말을 사용하여 부정적인 혼잣말을 논박해 보라. 그에 더해서 자신에게 하고 있는 말 중에 파국적 단어예를 들어, '지금 일어날 수 있는 최악의 상황이야.', '나는 결코 이전과 같아질 수 없어.', '내 인생은 끝났어.'가 있는지 의문을 가져 보고 실제 결과가 그러한지를 평가해 보라. 매우 위험한 사고나 의학적인 질병도 그 자체가 인생의 끝을 의미하지는 않는다. 빅터 프랭클이 포로수용소에서 생존을 위해 대처했던 시각화 기법을 되새겨 보라.

부정적인 혼잣말에 대응하는 한 가지 방법은 그렇게 표현하는 말들을 더 현실감 있고 긍정적인 혼잣말로 바꾸는 것이다. 예를 들어, 〈표 4-1〉에 제시된 긍정적인 혼잣말 목록을 살펴보라.

목록은 간단히 만들어진 것이 아니고, 암으로 진단받거나 다양한 신체 질환을 가진 환자를 위한 문제해결 프로그램에 참여한 사람들에게서 실제로 얻은 진술문을 토대로 작성한 것이다. 실제로 어떤 사람들은 목록에 있는 이러한 진술문을 3×5인치 가로, 세로 각각 8cm, 12cm 정도의 작은 카드에 기록하여서 스트레스를 받을 때마다 꺼내어 볼 수 있도록 지갑에 넣어 두기도 한다. 또 어떤 사람들은 스트레스가 많은 상황에 처하면 자신을 다스리기 위해 필요한 진술문을 냉장고나 욕실 거울에 붙여 놓고 보기도 한다. 다음의 목록에 당신이 더 추가하고 싶은 진술문을 만들어 넣을 수도 있다. 필요하다면 항목을 추가한 다음 노트에 목록을 적어 보도록 한다.

부정적인 감정 극복하기:
부정적인 감정을 상황에 맞게 이용하기

긍정적인 문제 수용 태도를 갖는 데 방해가 되는 세 번째 장애물은 부정적인 감정을 경험하는 일이다. 사람들은 매일 짜증스러운 감정을 경험하지만 감정이란 매우 미묘한 것이다. 때때로 우리의 느낌은 어느 한 상황에 대한 것일 뿐, 시간이 지나면 그 느낌은 곧 사라진다. 어떤 때는 오래 지속되는 짜증스러운 느

〈표 4-1〉
부정적인 혼잣말에 대항할 수 있는 긍정적인 혼잣말

나는 이 문제를 해결할 수 있어.

괜찮아! 서글픈 느낌이 들지만, 이런 상황에서는 누구든 그런 느낌이 들 거야.

바람의 방향을 바꾸지는 못하겠지만 그 대신 돛은 조정할 수 있지 않은가.

모든 사람의 마음을 다 만족시킬 수는 없는 거야.

내가 느끼는 두려움을 대신 자신감으로 채울 거야.

나라고 즐거워하지 못할 이유가 없잖아.

아무리 힘든 일이라도 끝은 있기 마련이야.

노력하면 나도 할 수 있어.

필요하면 언제든지   의 도움을 받을 수 있어.

일단 시작만 하면, 일은 순조롭게 진행될 거야.

이 정도는 충분히 감당할 수 있어.

나는 두려움을 극복할 수 있어.

빗나가지만 않으면 돼.

걱정 같은 건 아예 하지도 않아.

기도가 도움이 될 거야.

나는 나 자신이 자랑스러워.

나도 현상 유지는 충분히 할 수 있어.

낌 때문에 고통스럽다. 우울, 불안, 분노, 사별과 같은 문제는 모두 스트레스성 감정을 수반한다. 만약 이러한 감정 때문에 긍정적인 문제 수용 태도를 갖지 못하거나, 특정한 문제를 효과적으로 해결하지 못하는 상황이라고 스스로 판단한다면 여기서 제안하는 도구를 사용해 볼 것을 권장한다.

사람들은 대부분 부정적인 느낌을 관리하는 데 도움이 필요하다. 그리고 감정적인 문제 감정 다스리기 때문에 상담가를 찾아가 도움을 구한다. 다음은 단계적 절차를 설명한 지침인데, 이것을 통해서 당신은 감정의 힘을 상황에 맞게 이용하는 데 도움을 받을 수 있다. 각 단계를 연습하면 자신의 부정적인 감정을 더 잘 자각하게 되는데, 부정적인 감정을 단지 좋지 않은 기분이라고만 느끼지 말고, 이것을 문제가 존재한다는 신호 혹은 단서로 활용할 수 있다. 또한 이렇게 되면 스트레스의 원인이 되는 문제뿐만 아니라 부정적인 감정을 보다 잘 다루는 데도 도움이 될 것이다.

부정적인 감정이라 하더라도 이것 또한 자연이 당신에게 준 선물 중 하나라고 생각하라. 부정적인 감정을 모두 나쁘게만 보는 것은 바람직하지 않다. 그렇게 여기는 것은 당연히 진실이 아니다. 실제 부정적인 감정은 무엇인가가 잘못되어 가고 있으며 문제가 존재한다는 것을 말해 주기 위한 자연의 한 방식이라고 할 수 있다. 당장의 상황에서는 부정적인 감정이 편치 않겠지만 궁극적인 행복을 위해서는 부정적인 감정 또한 도움이 될 수 있다. 다음의 단계를 따라 한다면 부정적인 감정이라는 단서를 이용하여 문제가 무엇인지 알아내기가 쉬워질 것이다.

1 **[1단계]** 하루 중 스트레스를 받거나 신체적으로 불편할 때는 언제든 멈추어 서서 당신이 어떻게 느끼는지 그리고 그러한 느낌이 얼마나 강한지를 주시하라. 우선 당신이 어떤 감정을 느끼는지를 단어로 표현해 보라. 그리고 그 내용을 노트나 일지에 적도록 한다.

2 **[2단계]** 이제 이러한 느낌을 가장 많이 경험할 때가 어떠한 상황인지에 대해 주목하라. 심장이 두근거리고, 목이 메고, 얼굴이 붉어지는 것과 같은 신체적인 반응이 있는가? '이것을 처리할 수 없어.', '이런 건 필요 없어.', '이런 느낌을 가지는 게 싫어.', '내가 이렇게 느끼는 걸 그가 눈치챌 거야.', '포기했어.' 와 같은 말을 자신에게 하는가? 이러한 생각을 갖는 것이 익숙해질수록 이에 대한 모든 신호즉, 신체적 감각과 그것이 자신에게 말해 주는 모든 것를 문제 상황을 이해하기 위한 단서로 생각하라. 그렇게 하고 나서 즉시 3단계로 넘어가라.

3 **[3단계]** 멈추고 생각하라. 부정적인 느낌을 쉽게 멈추도록 도와주는 방법으로, 정지 신호 혹은 빨간 신호등을 상상해 보라. 이 단계는 마치 비디오나 카메라의 일시정지 버튼을 누를 때처럼 모든 행동을 멈추는 것을 의미한다. 자신의 마음 상태나

감정을 더 잘 자각하도록 몇 초 동안 모든 행동을 멈춘다 말하는 것까지도. 이렇게 멈춘 상태에서 조금 전의 그 감정을 자신의 의도대로 느껴 본 후 그것이 어떠한 느낌인지 확인한다. 진정으로 무엇이 느껴지는지 파악하기 전에 부정적인 느낌을 빨리 떨쳐 내려 한다거나, 더 좋은 다른 느낌을 가지려고 해서는 안 된다. 문제해결 검사의 회피성 점수를 12점 이상 받은 사람들은 특히 이 단계를 유의해서 연습할 필요가 있다.

4 [4단계] 이 단계에서는 더 현명해지는 법을 배우게 된다. 달리 말하면 자신이 느끼는 감정이 무엇인지를 더 잘 이해하게 된다. 당신이 자신의 느낌만으로 반응하게 되면 논리적이고 합리적인 부분에 귀를 기울이기가 어려워진다. 이렇게 되면 느낌대로 충동적으로 행동할 가능성이 더욱 커진다. 예를 들어, 당신은 어떤 일에 대해 화를 낼 수 있다. 그러나 사람에 따라서는 화를 내는 것 그 자체가 스스로를 당황케 만들고, 당황하게 되면 두려움으로 연결되어 더 많은 분노를 느끼게 한다. 어떤 사람들은 이러한 방식으로 부정적인 느낌을 떨쳐 내지 못하고, 처음에 화를 낸 이유 당연하고 예측 가능한 것일 수 있는가 무엇이었는지도 모르는 애매한 상황이 되고 만다.

한편, 당신이 단지 논리적으로만 상황을 생각하는 유형의 사람이라면 자신의 감정이 말해 주는 중요한 정보를 놓치기 쉽다. 예를 들어, 당신이 지금 외로워서 슬픈 상태라고 가정해 보자. 단순히 논리적으로 생각하다 보면 자신의 감정은 무시하거나 믿지 않으려는 경향이 강해지는데, 이렇게 되면 다른 사람들의 위로나 친구와의 우정이 필요한 순간에도 그러한 것의 중요성을 깨닫지 못하는 사람이 되고 만다.

감정과 생각을 합치면 어떤 일이 일어날까? 일반적으로 현명해지는 방법은 두 가지 과정을 모두 거친다. 달리 말하면, 진짜 일어나고 있는 상황이 무엇인지 파악하는 데 감정을 이용할 수 있다. 감정이 제공하는 중요한 정보를 이해하는 데는 시간이 필요하며 결코 쉬운 작업이 아니다. 그러나 지혜를 발휘한다면 당신의 감정이 당신에게 묻는 질문에 답할 수 있을 것이다. 이것을 알게 되면 다음에 무엇을 하면 좋을지 결정하기가 쉬워진다.

5 [5단계] 이 단계는 '내 감정이 지금 나에게 무엇을 말하고 있는 거지?'라는 물음에 답을 준다. 우선 감정이라는 것을 당신이 왜 갖고 있는지 그 이유를 생각해 보자. 그것은 바로 당신 자신에게 어떠한 정보를 주려고 하는 의미에서이기도 하다. 당신의 몸은 매우 타당한 이유를 갖고서 당신의 특정한 느낌에 잘 반응하도록 설계되어 있다. 〈표 4-2〉를 보라. 자신의 느낌이 무엇을 말하는지 확인하려 할 때 살펴보아야 할 정보의 유형이 제시되어 있다. 또한 그 정보가 드러내는 일반적인 예를 보여 준다.

느낌이 전해 주는 어떤 정보는 당신이 무엇인가를 해야 할 필요가 있는 실제 상황을 가리킨다. 그것은 당신 자신이 스스로에게 말

〈표 4-2〉
당신의 감정이 자신에게 말해 주는 것들

느 낌	느낌이 말해 주는 것	정보가 드러내는 것
두려움	위협 혹은 위험이 가까이 있다고 느낀다.	**무엇을 두려워하는가?** 신체적 손해, 웃음거리가 되는 것, 열등감을 느끼는 것, 거부당하는 것, 해고?
분 노	원하는 어떤 것을 얻는 것이 차단되어 있다.	**무엇을 원하는가?** 성공, 관계 맺기, 성취, 사랑받는 것?
슬 픔	의미 있는 어떤 것을 잃었다.	**무엇을 잃었는가?** 친구, 애인, 파트너, 권력, 지위, 역할, 하고 싶은 것, 자신의 중요성?
당황스러움	타인이 자신의 부족함, 실수 혹은 문제를 발견할 것이라고 믿는다.	**그들이 무엇을 발견하는가?** 지적인 약점, 감정, 허물?
죄책감	후회하는 어떤 일에 초점을 두고 있다.	**무엇을 후회하는가?** 타인에게 상처를 준 것, 당신이 그들에게 상처를 줬다고 말하는 사람이 있는가?

하고 있는 어떤 것이거나 혹은 당신이 겪고 있는 난처한 상황을 알려 주는 것일지도 모른다.

그러므로 느낌으로부터 정보를 얻게 되면, 당신은 변화의 상황, 비합리적이고 과장되거나 부정확한 자기 진술의 문제 또는 새로운 상황이나 실제로 부딪쳐야 하는 도전적인 상황에 직면했을 때 당신이 어떠한 상황을 만들어 나가야 하는지를 알게 된다.

6 **[6단계]** 인생에서 정서적인 문제에 대한 손해와 이익의 계산이 제대로 잘되려면, 할 수 있는 것에 대해서는 적극적으로 행동하여 바꾸어 나가고 더불어 할 수 없는 것에 대해서는 보다 현실적인 태도를 가지고 그것을 수용하는 한편, 그 차이를 이해하는 방법을 배워 나가는 것이 중요하다. 진정한 지혜는 자신의 감정이 실제로 들려주는 것을 배우고, 무엇을 할지 결정하는 데 논리적 사고를 적용할 때 생겨난다. 달리 말하면 '멈추고 생각하라.'고 하는 기술을 이용하는 것이다. 멈추고 생각하는 기술을 알게 되면 부정적 감정이라고 하는 짐을 실어 나르는 고속 열차에 브레이크를 걸어 주는 것과 같아서 다음에 무엇을 할지 정하기가 수월해진다. 노벨상 수상자인 알베르트 슈바이처 Albert Schweitzer는 "먼저 생각하고 행동하라."라고 말했다. 달리 말하면 무엇인가를 하기 전에 생각하는 것 혹은 '돌다리도 두들겨 보고 건너는 것'은 더 좋은 문제해결을 가져온다는 것이다. 문제해결 검사의 충동성 척도에서 12점 이상의 점수를 받은 사람들은 이 기술을 특히 유의해서 연습할 필요가 있다.

부정적인 감정이 너무 강하면
어떤 일이 일어나는가

여기서는 파괴적인 부정적 감감정을 더 잘 조절하도록 도와
주는 부정적인 감정을 없애는 것이 아니다. 느낌이 없는 로봇이 될 수는 없다. 몇 가지
비결을 제공한다.

* 만약 부정적인 감정이 부정적인 생각에 책임이 있다는 예를
  들어, '나는 멍청하니까 출세하지 못할 거야!' 것을 알고 '그 흐름을 멈추
  는 것'이 어렵다면, 그러한 부정적인 생각을 극복하기 위해
  건강한 생각 규칙을 더 자주 연습하라.

* 만약 긴장되고 불안하고 이완하는 것이 어렵다면, 부록에서
  제공한 '심호흡'으로 스트레스 관리 연습을 하라. 시각화
  연습은 스트레스를 줄이는 데도 도움을 준다. 그러므로 우
  리는 긴장과 불안을 줄이기 위해 당신을 '안전한 장소로
  가도록' 할 뿐만 아니라 부록에 다른 시각화 연습도 포함
  시켰다.

* 이 안내서 전반에서 계속 반복되는 것처럼 당신이 부정적 스
  트레스를 경험하는 이유는 현재 경험하고 있는 다양한 문
  제와 관련이 매우 많다. 부정적인 감정을 감소시키는 한 가

지 방식은 부정적인 느낌이 있음에도 불구하고 현재의 스트레스성 곤란을 해결하는 일을 지속하는 것이다. 여러 가지 문제를 해결하는 것은 부정적 스트레스를 상당히 감소시킬 수 있다.

＊ 만약 당신이 이러한 제안을 시도한 후에도 도움을 받지 못하여 지속적으로 높은 수준의 불안이나 우울을 경험한다면, 상담가나 심리학자의 전문적인 도움을 받아야 할 것이다.

무엇이 문제인가?
문제가 발생할 때 그것을 인식하기

일상생활에서 문제는 흔하게 일어나는 것이고 문제가 발생할 때 그것을 빨리 알아차리고 파악할 수 있어야 한다는 것이 긍정적인 문제 수용 태도에서 강조되고 있다. 심리적 문제, 가족 관계를 비롯한 인간관계 문제, 신체적 문제, 재정 문제로부터 스트레스원스트레스 원인이 생기게 되면 사람은 여러 형태로 생활에 변화가 생기기 마련인데, 그중 어떤 스트레스원은 2차적인 문제를 초래하기도 한다. 자신의 삶이 특정 스트레스성 상황에서는 좋아질 수도 있다고 말하는 사람들도 있겠지만예를 들어, 아플 때는 그 전보다 가족과 친구를 더 고맙게 생각하기도 한다. 대부분의 스트레스성 상황은 새롭고 도전적인 문제를 만들어 낸다.

그렇다고 해서 언제나 경계를 늦추지 말고 늘 긴장하라고 하는 것은 결코 아니다. 대신에 무엇인가가 잘못되어 가고 있을 때 그것을 문제 상황으로 인식할 수 있고 또한 이에 대해 무엇인가 하고자 하는 것을 찾을 수 있다면 다행인 것이다. 어떤 문제가 생긴다면 당신은 그것을 어떻게 말하겠는가?

* 느낌을 문제의 존재를 알리는 단서로 사용하라. 이것은 앞에서 상세하게 기술했다. 부정적 느낌을 '문제'로 단정하는 대신에 그러한 느낌을 문제가 존재한다는 신호로 생각하고, 이러한 느낌을 유발하는 실제 문제가 무엇인지를 인식하려고 노력하라. 스트레스성 문제의 결과로서 나타나는 흔한 감정은 불안, 불확실성, 우울, 분노, 불만족, 실망, 혼돈, 죄의식, 부적절감, 무력감 등이 있다. 이러한 맥락에서 느낌은 감정적 상태예: '슬프다' 뿐만 아니라 신체적 상태예: '걱정 때문에 마음이 조마조마해.', '이것만 생각하면 머리가 아파.', '온몸이 떨리고 신경이 예민해지는 것 같아.' 모두를 언급하는 것임을 주목하라.

* 행동을 문제가 존재한다는 신호로 사용하라. 당신은 문제를 해결할 수 없는 낡은 방법을 사용하고 있을 가능성이 있다. 이러한 성공적이지 못한 시도를 문제가 존재한다는 신호로 생각

하라. 그러나 성공적이지 못한 자신의 행동을 문제로 생각하지 말고 그러한 행동을 문제 상황을 찾아내고 확인하는 신호로 생각하라.

* 특정한 생각을 문제가 존재한다는 단서로 사용하라. 부정적인 감정이나 비효과적인 행동 외에도 특정한 생각이 문제가 있음을 말해 주기도 한다. 예를 들면, '지난번 시험에서 만점을 받았어야 했는데, 이제 의과대학 진학은 다 틀렸어', '이달에는 청구서가 너무 많은 것 같은데! 아, 머리 아프니까 당분간은 잊어버리자.', '샐리가 들어줄지는 몰라도 결혼하자는 말을 해야겠어. 내 감정이 그러하니까 나는 그것을 따라야 해.'와 같은 생각은 문제가 존재한다는 신호가 될 수 있다.

* 문제 체크리스트를 활용하라. 〈표 4-3〉은 자신만의 특정한 문제를 더 잘 이해하기 위해 사용할 수 있는 문제 체크리스트다. 심리학자들은 환자들이 실제로 자신의 문제를 잘 확인할 수 있도록 도와주기 위해 복합적인 유형의 문제 체크리스트를 개발해 왔다. 많은 사람들이 문제를 경험하지 않는다면 이러한 체크리스트는 존재하지 않을 것이라는 사실을 기억하라. 당신 혼자만 그런 것이 아니다! 수백만 명의 사람들이 지금 이 순간에도 비슷한 유형의 문제를 경험하고 있다.

어떤 유형의 문제를 경험하고 있는가

〈표 4 - 3〉을 살펴보라. 이것은 다른 사람들도 흔히 경험하는 다양한 범주의 문제들을 간략히 나열해 놓은 것이다. 목록을 살펴보고 현재 당신에게 적용되는 것 혹은 적용되지 않는 것이 얼마나 있는지 적어 보라. 어떤 종류의 문제를 경험하고 있는가? 표에 나열되어 있는 문제 중 어떤 것을 경험하고 있는가? 여기에 포함되지 않은 다른 문제들이 있는가? 일지나 노트에 현재 경험하고 있으며 처리하고자 하는 문제들을 적어 보라. 자신의 우선순위에 따라 나열하고 가능한 한 구체적으로 적어 보라. 예를 들어, 함께 일하는 동료가 외로움을 느낀다고 하자. 이때, '그가 외로움을 느꼈다.'고 단순히 적기보다, 그가 '외로움을 느끼는 것은 나 자신을 화나게 하고 절망하게 만들어. 그러고 나면 나는 즐거움을 느낄 무언가를 할 마음이 없어져.'라고 말했다고 써라.

이 목록을 살펴보고 지금 당신이 처리하고자 하는 문제 하나를 정한 후 그 옆에 별표*나 다른 기호를 적어 표시하라. 이번 장에 이어서 유능한 문제해결자가 되기 위한 나머지 4단계가 다음 장에 계속된다. 이를 통해 여러 상황의 문제에 성공적으로 대처할 수 있게 될 것이다. 경험하는 문제들은 당신이 개선함에 따라 또는 미래의 상황을 시각화함에 따라, 스스로에게 설정한 어떤 목표를 달성하는 것을 방해하는 요소는 그만큼 더 적어진다.

〈표 4-3〉
일반적인 문제 체크리스트

심리적/정서적 문제	가족 문제
□ 미래에 대한 걱정 □ 기억 혹은 주의 집중 곤란 □ 슬픔, 외로움 □ 의사 결정에 대한 곤란 □ 타인에게 화가 남	□ 가족과의 논쟁 □ 가족 역할의 변화 □ 가족의 기대 □ 가족의 무관심 □ 가족에 대한 책임감

의학적 문제	성적 문제
□ 정보를 정확하게 이해하는 것에 　대한 곤란 □ 의사에게 질문할 때 긴장함 □ 약물 문제 □ 식이 조절 혹은 생활양식의 변화 □ 통제력에 대한 상실감	□ 성에 대한 흥미 상실 □ 성적 곤란 혹은 기능 부전 □ 성 기능의 상실 □ 성과 관련된 죄의식

직장 관련 문제	법적 문제
□ 일에 대한 불만족 □ 업무 과중 □ 동료와의 문제 □ 재정적 문제 □ 인식의 부족 □ 매일 소요되는 경비를 제대로 지원 　받지 못함 □ 불충분한 수당	□ 고소당하는 것 □ 너무 많은 교통위반 딱지 □ 소득세에 관한 곤란 □ 양육권 다툼

지역사회 문제	
□ 이웃이 나쁘게 변하는 것 □ 불만스러운 건축공사의 추진 □ 도로의 소음 □ 너무 높은 재산세 □ 감당할 수 없는 쓰레기 더미 □ 너무 시끄러운 이웃	

다음 장에서는 문제를 정의하고 현실적인 목표를 설정하는 2단계로 넘어갈 것이다. 🌳

5

【2단계】 정의: 문제를 정의하고
현실적인 목표를 설정하기

a D a p t

Attitude

Define

Alternatives

Predict

Try out

G. K. Chesterson

그들은 해결책을 찾지 못한 것이 아니다.
문제를 알지 못한 것이다. G. K. 체스터슨

문제 정의하기

　오래전 존 듀이John Dewey는 "문제를 정확하게 정의하고 나면, 그 문제의 절반은 이미 해결된 것이나 다름없다."라고 하였다. 이와 유사한 속담으로 "잴 때는 두 번 재고, 자를 때는 한 번에 자르라."가 있다. 두 문구는 우리가 경험하는 문제의 본질을 충분하게 이해하려는 시간을 가지려 한다면 해결하는 데 걸리는 시간과 노력이 훨씬 줄어든다는 것을 암시해 준다. 앞서 언급된 체스터슨의 말은 결국 '문제를 들여다보는 것'이 해결책을 찾도록 도와준다는 의미를 포함하고 있다.

　문제를 정의하는 것은 여행의 경로나 방향을 정하는 것과 유사하다. 여행 중인 여러 사람이 목적지가 서로 같다고 하더라도 시간이나 돈과 같이 여행에서 사용할 수 있는 자원이 모두 동일한 것은 아니다. 어떤 사람이 난생처음 가 보는 목적지로 여행을 떠난다면 익숙한 지역이 아니기 때문에 어려움이 많을 것이다. 더욱이 가고자 하는 목적지를 어떻게 가야 할지 모르고, 지도만 쳐다보고 있다면 막막함은 그지없을 것이다. 이와 같이 문제를 정의하는 것은 당신이 가고자 하는 곳을 먼저 지도에서 확인하는 것과 유사하다. 달리 말하면, 자신의 목표를 먼저 확인하라는 뜻이다. 그래야 당신은 목적지 즉, 해결 계획에 도착하기 위한 방안을 정할 수 있게 된다.

문제를 정확하게 정의하려면 다음에 제시한 5단계를 따라야
한다.

* 확인 가능한 사실을 찾아내기
* 분명한 언어로 사실을 기술하기
* 사실과 추측을 구별하기
* 현실적인 목표 세우기
* 극복해야 할 장애물 확인하기

확인 가능한 사실을 찾아내기

사람들은 가끔 사실을 모두 파악하기도 전에 문제를 해결하
려고 한다. 어떤 중고차를 구입하기 위해 계약하기 전에 사고자
하는 차의 모든 것, 즉 가스 연비는 얼마인지, 사고 경험은 없는
지, 다른 사람들은 이 차를 어떻게 생각하는지 등 최소한 당신이 알아야
하는 것들을 당연히 알고자 할 것이다. 그런데 개인적인 문제에 대
해서는 왜 달리 행동하는 것일까? 고민거리가 생긴 상황에서 고
민을 잘 해결하려면 현재는 잘 알지 못하는 사실이나 정보일지
라도 실제로 찾아보려고 하는 것이 중요하다. 만약 무엇이 문제

인지 확실하게 알지 못한다면 잘못된 결과를 초래할 것이다.

필자가 치료했던 샘Sam이라는 환자를 예로 들면, 그는 이혼한 후부터 가족과 친구들이 자신을 필요 이상으로 걱정하고 '매우 조심스럽게' 대한다는 느낌을 받고 화가 나 있었다. 그래서 그들이 종종 자기를 피한다고 생각하게 되었다. 자신의 전처에 대해 말하지 않으려고 매우 신경을 쓰는 것 같고, 자기가 화를 낼까 봐 염려해서인지 예전의 좋았던 시절에 대해 이야기하는 것도 그들이 피하고 있다고 말했다. 샘은 친구 중에서 특히 빌Bill이 자신을 '마음이 나약한 사람'으로 여긴다고 생각했다. 이러한 생각은 샘을 화나게 만들었고 종종 빌과의 언쟁으로 이어져 둘의 관계가 소원해지고 나빠졌다. 그러나 샘은 그 친구가 왜 자신에게 그런 식으로 대했는지에 대해 상담을 받아 본 후, 빌이 자신의 이혼을 막는 데 아무런 도움이 되지 못하여 친구로서 제 역할을 하지 못한 죄책감 때문에 피했다는 것을 깨닫게 되었다. 빌은 샘이 자기에게 도움을 주었던 것들을 하나하나 떠올려 보고 정작 자기는 친구에게 도움을 주지 못했다는 사실 때문에 침울해진 것이다. 그러나 역설적으로, 샘이 빌에게 원했던 것은 상황을 더 좋게 만들어 달라는 것이 아니라 늘 해 왔던 대로 빌이 자신을 대해 주는 것이었다. 결국 샘과 빌이 둘 다 해야 할 일은 이용 가능한 사실 자체를 찾아내는 것이다.

우선 샘에게는 대부분 사실을 밝히는 일을 하는 직업인 형사나 과학자 혹은 신문기자같이 생각하는 법을 배우라고 제안했다. 그래서 누가, 언제, 어디서, 어떻게, 왜와 같은 질문을 자신에게 하도록 했다. 또한 자신이 형사가 되어 마치 '본부에 보고하는' 것처럼, 실제로 일어난 일을 상사가 알 수 있도록 그러한 질문에 객관적이고 면밀한 방식으로 대답하는 장면을 연상시켰다. 당신은 상담자 혹은 치료자와 이야기를 나눌 때 그들이 객관적 유형의 질문을 한다는 것을 알 수 있을 것이다. 그러므로 개인의 문제를 고려할 때도 형사나 신문기자처럼 생각하는 것을 배움으로써, 당신 스스로 자신의 치료자가 되는 방법을 배우게 될 것이다.

　사실을 발견하는 방법을 습득하기 위한 이 단계를 어떻게 하면 효과적으로 해낼 수 있을까? 정보를 써 내려가는 것과 같은 외현화 원칙을 되새겨서 적어 내려가는 것이다. 현재 고민이 되는 문제 가운데 하나를 골라서 다음 질문에 대한 답을 노트나 일지에 적어 본다. 이렇게 하는 것은 이 장의 끝 부분과 내용이 같은 문제로 보이지만 한편으로는 다를 수도 있다. 이제 자신의 답을 읽어 보자. 당신이 적은 답에는 사실로 여겨지는 내용이 충분히 많이 포함되어 있는가? 좀 더 밝혀내야 할 필요를 느끼는가? 만약 필요하다면 형사가 된 것처럼 이 문제에 대한 많은 사실을 밝혀내 보도록 한다. 추가된 것이 있으면 그것들도 이 문제에 대한 사실 목록에 포함시킨다.

＊ 관련된 사람은 누구인가?

＊ 무슨 일이 일어나서_{또는 일어나지 않아서} 귀찮은가?

＊ 어디에서 일어난 일인가?

＊ 언제 일어난 일인가?

＊ 왜 그런 일이 일어났는가? 즉, 문제의 원인/이유로 알려진 것이 무엇인가?

＊ 그 상황에서 나는 어떻게 반응하고 있는가? 즉, 어떻게 행동하고, 생각

하며, 느끼는가?

간혹 이러한 유형의 질문에 답하려 할 때, 관련이 있거나 이용 가능한 정보를 골라내는 일이 사실 쉽지만은 않다. 만약 당신이 이와 같은 어려움을 겪는다면, 두 번째 다중처리 원칙인 시각화 기법을 되새겨 보라! 앞의 질문들에 답하기 위해 관련된 정보를 확인하려면 다음의 시각화 기법을 사용하면 도움이 된다.

눈을 감고 최근의 경험을 토대로 계속 재발하는 문제의 한 장면이나 현재 진행되고 있는 문제의 일부 장면을 마음속에서 재구성해 본다. 먼저, 당신이 실제 그 상황을 겪고 있다고 가정하고 관찰자의 시각으로 보는 것이 아니고 그 상황의 주인공이 되어, 그 일이 실제로 일어나는 것을 상상으로 경험해 본다. 그 상황을 경험하면서 스스로에게 '나는 무엇을 생각하고 있고 또 무엇을 느끼고 있는가?' 라고 물어보라. 그런 다음 그 경험을 반복해 본다.

그리고 이번에는 제삼자의 입장에서 마치 그 상황을 영화나 비디오로 본다고 상상하라. 느린 화면으로 작동시키고 다음과 같은 질문을 스스로에게 해 본다. '무슨 일이 일어나고 있는 거야?', '저 사람들은 무슨 말을 하는 거야?', '저 사람들은 무엇을 하는 거야?', '저 사람들의 느낌은 어떨까?'

분명한 언어로 사실을 기술하기

스트레스를 받게 되면 우리는 언어를 불분명하게 사용하는 경향이 있다. 앞의 예에서 샘이 처음 필자에게 와서 상황을 말할 때는 친구인 빌이 자신을 '정신병자처럼 대한다.'고 했고, 그래서 화가 치밀어 '지금 머리가 폭발하기 일보 직전이다.'는 식으로 말을 시작했다. 이에 대해 샘이 말한 사실을 곧이곧대로 받아들여 실제로 그를 정신병동에 입원 조치한 후 머리가 폭발하지 않도록 머리에서 뇌관을 제거하겠다고 그에게 말한다면 과연 그는 어떤 식으로 반응할지 상상해 보라. 물론 샘이 처음에 했던 말은 그의 느낌을 설명하는 다양한 방식의 하나겠지만, 그를 돕는 치료자의 입장에서는 샘이 분명한 언어를 사용하여 그의 느낌과 문제를 기술할 수 있도록 하는 것이 중요하다. 이것은 문제 해결의 세 번째 다중처리 원칙인 단순화와 일치한다.

또 다른 예로, 제인Jane이라는 환자는 불안 때문에 치료자인 필자를 찾아왔다. 처음에 그녀는 "엘리베이터를 타는 것이 악몽 같아요. 제가 죽거나 어떻게 될 것만 같아요."라고 말했다. 이보다 더욱 분명하고 사실적인 기술은 '제 불안은 엘리베이터를 탈 때 가장 강렬해져요. 문이 열리고 제가 엘리베이터에 들어가면 심장이 빨리 뛰고 피부는 땀에 젖은 듯 끈적거리고 심장병 가족력이 떠올라 죽을 것만 같은 생각이 들어요. 엘리베이터에서 나오자마자 바로 안심이 되고 심장박동이 정상으로 돌아오는 것 같아요.' 가 될 수 있다.

분명한 언어를 사용하지 않는다면 말하고자 하는 것을 부풀려 말하거나 다른 사람들을 오해하게 할 수 있다. 예를 들어, 샘은 화가 났을 때 친구인 빌이 보이는 회피의 빈도에 대해서 자주 과장해서 말하는 경향이 있었다. 샘이 그 상황을 처음 말했을 때는, 친구인 빌이 "같이 알면 좋을 텐데 자신에게는 아무것도 말하지 않는다."라고 지적했다. 그가 사실에 초점을 두고 분명한 언어를 사용하도록 상담을 받은 후에는 그런 일이 실제로 일어난 횟수가 자기가 처음 주장했던 것의 절반 정도라는 것을 알게 되었다. 이것은 큰 차이인 것이다.

사실과 추측을 구별하기

사람들은 특히 감정적일 때 자동적인 사고과정의 흐름에 주의하지 않고 대충 상황을 추측assumption해 버리기 쉽다. 추측은 누군가가 어떤 것이 정말로 진실인지를 결정하기에 앞서서 사실fact로 간주되는 그런 것이다. 뉴스 기자나 과학자는 객관적인 사실에 항상 주목해야 한다는 것에 유념해서 자기가 생각할 내용을 다룬다. 사실이란 대부분의 사람들이 진실이라고 동의하는 것이며, 추측은 한 개인의 신념이나 견해 혹은 그 타당성이 검증되지 않은 해석이 포함된 것이다.

우리가 추측에만 의지하여 행동한다면, 문제를 해결하려는 시도가 성공적이지 못할 가능성은 더욱 커진다. 따라서 증명되지 않은 정보를 믿고 행동하기 전에 추측과 사실을 분리할 필요가 있다. 샘의 이야기로 돌아가 보면, 샘은 친구인 빌이 생활 주변에서 일어나는 밝고 재미난 일들을 유독 자기에게만 그다지 말하려 하지 않는 것을 보고, 그가 자기와 자리를 같이하는 것을 싫어할 뿐 아니라 자신을 부담스럽게 여긴다고 추측했다. 이것은 사실이 아니므로즉, 추측이므로 잘못된 것인데다 더 과장해서 자신에게 빌은 더 이상 친구로서 가치가 없다고 느끼기 시작했다. 이러한 추측된 사실에 기초하여 샘은 자신의 분노와 논쟁을 정당하다고 느꼈다. 게다가 실제 사실이 아니라 그의 추측에 대한 즉각적인 반응은 지속적인 분노, 좌절, 논쟁, 슬픔을 초래했다.

그래서 나중에 샘이 필요로 하는 것에 자신이 도움을 주지 못했다는 것 때문에 빌이 낙담했었다는 사실이 밝혀졌을 때도, 샘은 빌의 행동이 달라진 것은 그가 더 이상 자기를 친구로 생각하지 않는다는 증거로 해석했다.

어떤 일이 실제 사실인지 혹은 자신이 지레짐작하고 있는 것인지를 구별하는 데 가정에 있는 여러 가지 잡지들의 사진을 오려서 이것을 사람들에게 보여 주는 방법이 효과적이다. 이 훈련은 잠시 동안 사진을 보게 한 후에 그 사진을 묘사한다고 생각하는 모든 것들을 쓰게 하는 것이다. 사진 속의 내용,상황에 대해 보았거나 생각한 것들을 쓴 후에 자신이 쓴 목록을 훑어보고 그중에서 확실한 사실이라고 쓴 것, 사실만을 확인해 본다. 이 중에서 사실이 아닌 것들은 그 개인이 그림에 대해 가지는 생각이나 견해 혹은 믿음이지만 그것이 진실인지 아닌지를 확신하기는 쉽지 않다. 사실이 아닌 내용에 속하는 이러한 형태의 것은 믿음이나 견해 혹은 추측과 같은 것으로 알려져 있는데, 이러한 것이 사실인지를 확인하려면 더 많은 정보가 뒷받침되어야 알 수 있는 것이다.

아마 당신은 이 같은 연습이 쓸모 있거나 재미있다고 생각할 것이다. 잡지를 가지고 와서 다소 애매모호한 그림을 찾아보고 똑같은 방식으로, 즉 잠시 동안 그림들을 살펴보고 내려놓은 후 일지나 노트에 그 사진에서 보았거나 그것에 대해 생각한 모든 것들을 써 보는 것이다. 이제는 같은 방식을 친구나 가족에게 적용해 보자. 이러한 과제를 모두 마친 후에 서로 쓴 내용을 훑어보고 얼마나 그것에 동의하는지를 살펴보라. 당신은 대체로 어느 상황에 대해 추측을 많이 하는 편인가? 자신이 관찰한 것들이 대부분 실제 사실이었는가? 모든 사실을 수집하지 않은 채, 일어나고 있는 일에 대해 평소의 믿음이나 견해 혹은 추측을 취하는 경향이 있는 것은 아닌가? 당신이 상담가나 치료자를 만나게 되면, 한 회기 동안 이 내용을 연습하게 될 것이다. 만약 당신이 어느 집단에 속해 있다면 문제를 더 정확하게 파악하는 방법을 함께 토론하는 것이 더욱 의미 있는 그룹 활동으로 이끌 것이다.

이제 당신이 현재 경험하고 있는 문제 중 하나를 골라 다양한 사실을 기록한 노트를 보도록 하라. 분명한 언어를 사용했는지 아니면 다른 사람이 이해하기 어려운 단어들을 사용했는지를 살펴라. 사실이라고 한 내용 가운데 추측으로 여겨지는 것이 있는가? 만약 그렇다면 그것을 사실로 보아야 하는지 아니면 단지 추측일 뿐인지를 가리기 위해 형사가 된 입장에서 부가적인 사실을 찾아볼 필요가 있다. 형사들이 사용하는 질문 방식누가, 무엇을, 언제, 어디서, 어떻게, 왜을 반드시 활용하도록 한다.

⏰ 잘못 추측하기 쉬운 일반적 실수들

만약 앞의 연습이 다소 어렵고, 어떤 것이 사실이고 추측인지에 대한 의문이 계속 생긴다면, 다음의 질문 목록이 더 잘 구분하도록 도움을 줄 것이다. 연구에 따르면 누군가가 문제를 정의하려고 할 때 잘못된 추측을 하게 되는 일반적인 몇 가지 실수

thinking mistakes를 한다고 한다. 이러한 실수를 하게 되면 문제를 부정확하게 정의하기가 쉽다. 구분이 쉽지 않을 때 다음에 제시한 질문 내용에 스스로 답해 본다면 자기의 실수가 무엇인지를 알아내서 그것을 바로잡는 데 도움이 될 것이다.

1. 상황을 뒷받침해 주거나 혹은 달리 해석될 가능성을 배제할 수 있을 만큼 충분한 근거도 없이 자기 나름대로 추측하고 있는 것은 아닌가?

　사람들은 종종 특정한 상황에서 다른 사람들의 생각, 느낌, 의도 혹은 동기에 대해 추측이나 추론을 한다. 다른 사람의 마음을 우리가 꿰뚫어 읽을 수는 없으므로 이러한 추측은 종종 정확하지 않다. 예를 들어, 제니퍼Jennifer가 프랭크Frank의 데이트 신청을 거절했을 때 그는 그녀가 자신을 실패자로 생각한다고 부정확하게 단정 지었다. 이러한 실수를 피하기 위해서는 자신의 추측을 뒷받침하고 달리 해석되지 않도록 하는 사실들을 충분히 수집해야 한다.

2. 다른 중요한 정보는 무시하고 몇몇의 사실에만 초점을 두는가?

　사람들은 종종 선택한 몇몇 사실에만 초점을 두고 이 정보만을 토대로 해서 성급하게 결론을 내리는 일이 있는데, 이것은 그러한 결론을 실제로 반박하거나 매우 다른 결론을 이끌어 낼 수 있는 사실들은 무시하는 것이다. 가령 존John은 야구 경기에서 실책 하나를 범했기 때문에 팀이 승리하지 못한 것은 자기 탓이라고 결론을 내렸으나 이것은 부정확한 결론이었다. 왜냐하면, 다른 몇몇의 선수들이 더 심한 실책을 범했다는 사실은 무시한 것이기 때문이다. 이러한 실수를 피하기 위해서는 결론을 도출할 때 항상 모든 사실을 고려해야 한다.

3. 부풀려 확대해서 일반화하는 것은 아닌가?

어떤 사람들은 종종 단일별것 아닌 사건을 토대로 사람의 일반적인 특성이나 상황에 대해 부정확한 추측을 한다. 예를 들어, 샐리Sally는 중간고사를 망쳤고 자신이 실패자라고 판단했다. 빌Bill은 리사Lisa에게 데이트 신청을 했을 때 거절당한 일 때문에 모든 여자들이 자신을 거절할 것이라고 추측했다. 헨리Henry는 메리mary에게 거짓말을 했고, 마리는 모든 남자들이 거짓말쟁이이며 신뢰할 수 없다고 결론지었다. 이러한 유형의 잘못된 생각을 피하려면, 그 당시의 상황에 대해서만 초점을 맞춰 표현해야 한다. 이것을 부풀려 확대하여 일반화해서는 안 된다.

4. 나는 이제 끝장인가?

사람들은 종종 자신의 행복과 관계된 어떤 사건에서 부정적인 의미를 너무 과장하곤 한다. 예를 들어, 제인Jane은 테드Ted가 자신과 헤어지려 한다는 사실이 끔찍하게 싫었는데, 그것이 나쁘고 실망스러운 일이라 하더라도 사실 끔찍한 것은 아니다.

사실은 견딜 수 있을 만한 것이고 이러한 절망감에 잘 대처하고 자신의 삶을 살아갈 능력이 있음에도 불구하고 제인은 그것을 견딜 수 없다고 말한다. 이러한 유형의 실수를 피하기 위해서 한 발 뒤로 물러서서 심호흡을 하고 '이 상황이 진실로 파국인가자신의 전체적인 삶을 파멸로 이끌 것인가, 아니면 스트레스가 되고 어려운 상황이지만 파국은 아니지 않은가?' 라고 자신에게 질문해 보는 것이다.

5. 항상 자신을 탓하는가? 항상 다른 사람들을 탓하는가?

사람들은 종종 자신이 항상 부정적인 사건의 원인이라고 부정확하게 탓하거나 판단하기도 하는데, 사실 그러한 사건은 인생에서 정상적이고 당연한 것이다. 예를 들어, 피터Peter 는 문제가 발생했을 때 늘 자신을 탓하며 자신은 부족하다고 생각한다. 사실, 누구도 완벽한 사람은 없으며 우리는 모두 실수를 한다. 어떤 사람들은 종종 다른 사람에게 모든 책임을 전가한다. 예를 들어, 모든 사람들을 탓하는 애니타Anita 는 제이크Jake 처럼 자신을 사랑하지 않는 사람은 나쁜 사람이라고 가정한다. 사실 모든 사람에게 사랑받는 사람은 아무도 없다. 자신에게 이러한 질문을 해 보라. 나는 문제를 항상 내 잘못으로 생각하는가? 나는 일반적으로 문제의 원인이 다른 사람에게 있다고 생각하는가? 잘못된 생각이라는 점에서는 양쪽 경우 모두 마찬가지여서 대개 문제를 부적절하게 정의하는 결과를 낳는다.

이제까지의 잘못된 생각을 당신도 범하고 있는가? 이러한 질문을 노트나 일지에 적어 놓으면 문제를 적절히 정의하려 할 때 그 내용을 참고할 수 있다.

현실적인 목표 세우기

목표를 세울 때는 자기가 실제로 성취 가능한 목표인지를 확인하는 것이 중요하다. 즉, 목표는 합리적이지 않으면 안 된다는 뜻이다. 큰 꿈을 갖고 있는 당신을 낙담시키는 말이 될 수도 있으나 도달할 수 없는 목표라면 대부분의 문제를 해결하는 것은 아마 불가능할 것이다. 비현실적인 목표 달성을 기대하는 것은 스스로를 실패하도록 만들 뿐이다. 임상적인 연구에 따르면 적지 않은 사람들이 우울해지는 주요한 이유는 그들이 너무 높은 목표를 세워 놓고 목표에 도달하지 못하는 상황 때문이라고 밝혀졌다. 만약 목표가 너무 커서 지금은 성취하기 어려운 것으로 보인다면, 단순화 원칙에 따라 최종적인 목표는 잊지 않으면서 문제를 더 작은 것으로 분류하도록 한다. 예를 들어, 내년부터 경제적으로 독립하는 것을 목표로 설정하면 대부분의 사람들은 도달하기 힘들 것이다. 그러나 월급의 5%를 더 저축하기 위해 전반적인 지출을 줄이는 것으로 시작하면 관리가 훨씬 쉬울 것이고 틀림없이 옳은 방향으로 나아갈 수 있다.

또한 문제중심 목표problem-focused goals와 정서중심 목표 emotion-focused goals 간의 차이를 이해하는 것이 중요하다. 문제중심 목표는 문제의 본질을 변화시켜서 더 이상 문제가 되지 않게 하는 것을 내포하는 목표다. 그러한 목표는 변화될 수 있는 상황, 예를 들면 더 많은 돈을 저축하거나, 의사소통을 개선하거나, 체중 감량과 같이 변화될 수 있는 상황에서 더 적절하다. 반면에 정서중심 목표란 변화될 수 없거나 어떤 상황 혹은 누군가의 정서적 반응이 달라지지 않을 때 오랜 기간에 걸쳐 더 많은 문제가 생기는 경우에 해당하는 정서적 관점의 목표를 말한다. 예를 들면, 만족스러운 직업을 가질 수 없을 것이라는 두려움을 느끼는 경우, 그것을 점검하고 확인하지 않고 방치한다면 그 상황은 자신에게 도움이 되기보다는 더 많은 해를 끼친다. 원한, 분노 혹은 질투에 사로잡히는 것은 또 다른 예가 된다.

따라서 목표를 설정할 때, 자신이 처리하고자 하는 문제에는 어떤 유형의 목표가 적절한지에 대해 생각해 볼 필요가 있다. 샘의 이야기로 돌아가 보자. 그가 변화시킬 수 없는 것 중 하나는 이혼했다는 사실이고, 그래서 빌의 부부와 함께 넷이서 부부끼리 외출하는 것과 같은 일부 사회생활은 이제 가능하지 않다는 사실도 상황이 달라진 것이다.

샘은 전처와 다시 결혼할 수 없기 때문에 그 상황의 일부는 변화시킬 수 없다비록 그가 미래에 누군가를 만난다 할지라도. 그러나 그의 좌절감, 난처함 그리고 혼자가 되었다는 것에 대한 부정적인 정서 반응과 함께 자신을 실패자로 생각하는 습관을 줄이는 것이 적절하며 그에게는 정서중심 목표를 고려하는 것이 중요하다. 그러므로 그의 결혼이 정말로 끝났다는 것을 받아들이도록 하는 것이 목표가 된다. 한편, 현재 겪고 있는 친구와의 문제는 변화가 가능하다. 그래서 친구인 빌이 자신과 함께 있을 때 더 편안해지고, 친구가 자신의 아내와 아이들에 대해 이야기하는 것도 가능하면 피하지 않게 하는 것은 문제중심 목표가 될 수 있다. 인생에서 스트레스를 주는 대부분의 문제가 일반적으로 정서중심 목표와 문제중심 목표 모두를 포함한다는 것을 이 예에서는 말해 주고 있다.

극복해야 할 장애물 확인하기

이제 당신은 현실적인 목표를 확인했으므로 생각해 보아야 할 중요한 질문, 즉 '무엇이 이 상황을 문제로 만드는가?'를 다루어야 한다. 달리 말하면, '현재 내가 그 목표에 도달하는 것을 방해하는 것은 무엇인가?'다. 이것은 우리가 문제를 정확하게 정의하기 위해서 답해야 할 중요한 질문이다. 일반적으로 문제는 극복해야 할 장애물 혹은 해결해야 할 갈등을 수반한다. 우리는 목표에 도달하기 위한 충분한 자원 혹은 지식을 가지지 못했 거나, 선택해야 할 목표가 너무 많을 수도 있다. 인생에는 어려운 문제들이 많고 일반적으로 그 문제에 기여하고 있는 복합적인 요인들이 존재한다. 각각의 요인을 확인하는 것은 우리가 현실적인 목표에 도달하도록 돕는다. 때때로 어떤 문제가 매우 압도적으로 느껴진다면 그것을 일련의 더 작은 문제들로 분류하고, 다양한 장애물을 한 번에 하나씩 다루어 나가는 것이 필요하다 단순화 원칙을 기억하라.

샘에게 있어서 장애물 중 하나는 그가 좌절감을 느낄 때마다 화를 터뜨리는 것을 참는 것이다. 그는 자신의 목표가 서로 상반되는 상황을 경험했다. 즉, 친구와 우정을 유지하기를 바랐으나 다른 한편으로는 자신이 친구에게 부담이 되지 않기를 바라면서 빌이 자신과 함께 시간을 보내 주기를 원했던 것이다. 그러나 샘은 또한 솔직하게 빌에게 이혼 때문에 마음이 지쳐 있던 자신의 상황을 이야기할 수 있기를 바랐다.

문제를 정확하게 파악하고 싶다면 다음의 질문에 답해 보도록 하라.

* 현재의 상황에서 받아들일 수 없는 것은 무엇인가현재 상태?
* 이 조건이 어떻게 변하기를 바라는가어떻게 되어야 하는가?
* 어떤 장애물 때문에 현재 상태를 원하는 상태로 바꾸지 못하는가무엇이 이 상황을 문제로 만들고 있는가?

특정 상황이 문제 상황이 되는 이유에는 다음과 같은 것들이 있다.

* 장애물: 목표를 향해 나아가는 데 그 통로를 가로막는 것
* 상반되는 목표: 자신과 타인 간 혹은 자신이 가진 두 가지 상반된 목표 사이에서의 갈등
* 기술과 자원의 부족: 필요한 기술이나 자원이 부족해서 목표 달성이 어려워지는 것
* 알지 못하거나 친숙하지 않은 것: 이전에 경험해 본 일이 아니면 무엇을, 어떻게 해야 할지 알지 못하는 것
* 복잡성: 상황이 매우 복잡하고 엄청나게 느껴지는 것
* 정서적 곤란: 정서적 반응 그 자체는 천성적인 것이어서 극복하기가 쉽지 않음

자신을 계속 문제해결 여행자로 보면서 스스로에게 구체적으로 질문해 보라. '무엇이 내가 A 내가 지금 있는 곳에서 B 내가 가고 싶은 곳로 가는 것을 방해하는가?' 그리고 일지에 적어 놓았던 문제로 돌아가서 당신이 처한 상황을 자꾸 문제로 만드는 장애물, 상반되는 목표, 복잡성, 기술과 자원의 부족, 정서적 곤란, 혹은 알지 못하거나 친숙하지 않은 것에 대해 생각하여 적어 보라. 다시 말해, 목적지에 도착하기 위한 여행 계획을 세울 때 어떤 종류의 장애물roadblocks, 긴 터널, 비싼 통행료, 구불구불한 길 혹은 가

파른 언덕을 고려할 필요가 있는가? 그렇게 할 때는 분명한 언어를 사용하고 추측과 사실을 구분하도록 주의해야 한다.

기억하기: 문제를 정확하게 정의하기 위한 5단계

* 확인 가능한 사실을 찾아내기
* 확인된 사실을 분명한 언어로 표현하기
* 자신이 추측하고 있는 많은 것 중 사실인 부분을 구분하기
* 현실적인 목표를 설정하기
* 극복하고자 하는 장애물을 지정하기

당신이 현재 다루고 있는 문제를 제대로 정의하려면, 다음에 제시한 문제 정의 이행표의 양식을 사용해 보기를 권장한다. 일지나 노트를 꺼내서 네 가지 항목에 대한 답을 각각 적어 보라. 이러한 이행표를 활용하면 자신의 문제를 정의하고 현실적인 목표를 설정하기가 보다 쉬워진다. 만약 당신이 상담과정 중이라면, 이행표를 작성하는 데 별도의 도움과 안내를 받는 것도 가능하다. 현재 경험하고 있는 다른 크고 작은 문제들에 대해서도 같은 과제를 수행해 보라. 같은 제목을 사용하여 일지에 모든 답을 써 보는 것이다.

문제 정의 이행표

 사실이란 무엇인가

당신의 문제와 관련된 사실들을 기록한다. 추측한 것에서 사실 부분을 분리해야 한다는 것을 명심하라. 예를 들어, 당신의 배우자 혹은 의미 있는 타인과 논쟁하는 문제에 대해 '내 파트너는 나에게 관심이 없어.'와 같은 추측으로 진술하기보다는 '내 파트너와 나는 ○○에 대해 많은 논쟁을 하고 있어.'와 같은 실제의 사실을 분명하게 기록하는 것이다.

 이 문제가 자신에게 왜 중요한가

만약 그 상황 혹은 자신이 느끼는 방식을 개선할 수 없다면, 어떤 결과가 예상되는가? 이것은 왜 당신이 개선해야만 하는 중요한 문제인가? 이 문제를 개선하면 당신의 삶이 어떻게 개선되는가_{작은 것이라도}?

 목표는 무엇인가

목표는 반드시 현실적이고 성취 가능한 것으로 정해야 한다. 더 큰 목표인 경우에는 그것으로 나아가는 단계에 해당하는 작은 목표로 시작하라. 예를 들어, 당신이 파트너와 의사소통이 잘되기를 원한다면, 첫 번째 목표는 논쟁을 절반으로 줄이거나 일주일에 한 시간씩 의사소통만을 위해 단둘이서 의미 있는 시간을 갖도록 노력하는 것이다.

 목표에 대한 주요 장애물은 무엇인가

목표를 향해 나아가는 과정에서 실제로 방해가 되는 것은 무엇인가? 장애물의 예로서는 다음과 같은 것이 있다. 즉, 누군가의 도움 없이는 타인과 침착하고 분명하게 의사소통하는 방법을 알지 못하는 경우다 예: 파트너가 당신 옆에 없는 경우, 자신감이 없거나 희망이 없는 경우

내가 무엇을 원하는지 안다면,
나는 왜 이 모든 단계를 밟아야 하는가

도로 지도를 보고 목적지를 정하듯이 당신이 원하는 것을 쉽게 말할 수 있게 된다면 이제 이 단계에서 부수적으로 할 일이 많아지게 된다. 단, 이 단원을 끝마치기 전에 다음의 질문에 답해 보자. 골프 경기에서 두 사람이 같은 기술을 갖고 있다면, 궁극적으로 홀인원을 더 많이 할 것으로 보이는 사람은 누구인가? 홀 근처의 깃발을 보는 사람? 바람의 방향을 판단하는 사람? 신중하게 적절한 골프채를 선택하는 사람? 아니면 막연하게 홀을 향해 강한 스윙을 하는 사람?

이것은 생활 속에서 자주 직면하는 복잡하고 어려운 문제를 이해하려 할 때도 적용된다. 연구에 따르면 '문제를 정확하게 정의하고 나면, 그 문제의 절반은 이미 해결된 것이나 다름없다.'는 사실은 과학적 연구에서도 입증된 바가 있다.

목표를 향한 해결책이나 행동을 성급하게 생각하지 마라

사람들이 문제해결의 원리를 자신의 일상생활에 적용하려고 할 때 경험하는 가장 흔한 문제 중의 하나는 문제를 정의하기보다는 문제에 대한 해결책을 바로 보여 주려 한다는 것이다. 직장에서 많은 스트레스를 받고 있는 제인Jane의 사례를 살펴보자. 그녀의 상사는 다른 사람에게는 좀처럼 주지 않는 업무를 그녀에게 할당했다. 이 때문에 그녀는 상사가 자신을 이용하고 있다고 믿었으며 화가 치밀어 올랐다. 처음에 제인이 자신의 문제를 정의할 때, '제가 그런 부당한 대우를 싫어한다는 것을 어떻게 하면 상사에게 알릴 수 있을까요?' 라고 적었다. 어렵고 스트레스를 받는 문제를 다루는 것이 힘든 상황이기는 하지만 상사가 업무를 진행하는 방식을 제인이 비판하는 것은 하나의 해결책일 수는 있지만 문제 자체에 대한 분명한 표현은 아니다. 제인이 문제를 정의하는 데 초점을 맞출 수 있기까지, 즉 사실을 진술하고 추측과 사실을 분리하며 목표와 장애물을 분명하게 할 수 있기까지는 시간이 걸렸다. 다음에서 제인이 작성한 문제 정의 이행표를 살펴보자.

제인의 문제 정의 이행표

[문제] 나는 직장 일이 매우 불만스럽다. 일을 열심히 하고 잘해내지만 종종 다른 사람의 일까지 해야 하고 동료들보다 더 많은 업무를 맡아야 했다. 늦게까지 사무실에 남아 있으며 일의 전문성에 비해 책임을 더 많이 져야 한다. 때때로 근무시간 외 일을 하고 다른 사람들도 돕고는 싶지만, 부가적으로 하는 일에 대한 대가, 돈 혹은 다른 보상을 받았으면 좋겠다.

[이것이 왜 나에게 문제가 되는가] 언제나 기꺼이 열심히 일했지만 사람들이 나를 이용하는 것 같다. 다른 사람들의 일을 더 이상 하고 싶지 않다. 그들은 그것을 고맙게 생각하지 않는다. 반면에 직장 일로 너무 피곤하기 때문에 교회에서의 자원봉사 같이 정작 하고 싶은 일을 하지 못한다.

[현실적인 목표] 나는 내 일을 하고 싶고, 상사가 나에게 끊임없이 더 많은 일을 시키지 않았으면 좋겠다. 동료들의 일을 내가 도와줄 수 없을 때, 그들이 나를 원망하지 않았으면 한다. 업무가 안정적이기를 바라며, 뿐만 아니라 나에게 즐거움을 주는 무엇인가를 하면서 여가시간을 보내고 싶다.

[장애물] 누군가가 나를 인정해 주지 않는다고 생각될 때 나는 쉽게 상처받는다. 상사에게 주장할 바를 분명히 말해서 추가로 시키는 일에 대해서도 보상받고 싶은데, 어떻게 하면 좋을지 방법을 모르겠다. 그가 화를 내거나 내가 죄책감을 느끼게 될까 봐 염려가 되어 그렇게 하지 못한다. 직장에서 문제를 일으켜 울게 되고 다른 사람에게 따가운 시선을 받을까 봐 두려운 것이다.

  문제를 정확하게 정의하고 짚어 내기 위한 진술에서 제인은 무엇을 해야 하는가보다는 현재 어떻게 되고 있는지에 초점을 두고 있다. 좀 더 객관적이고 이해하기 쉬운 기술을 제인이 사용한다면 상사의 업무 진행 방식을 좋아하지 않는다고 직접적으로 말하기보다는 좋은 방향으로 문제를 해결하기 위한 대안적 방법을 더 많이 생각해 낼 수 있을 것이다. 그러므로 문제를 해결하기 전에 문제를 정의하는 것이 중요하다.

자칭 전문가를 경계하라

친구나 가족과 어떤 문제를 논의할 때 '문제는 ○○다.' 혹은 '여기서 네가 해야 할 일은 ○○다.' 와 같은 말을 당신은 몇 번이나 들어 보았는가? 당신이 지금 경험하고 있는 비슷한 문제들은 예전에 그들이 이미 경험한 것이므로 현재 당신의 문제 또한 어떻게 해결하면 되는지도 그들이 잘 알 것이라고 생각하기 쉽다. 가장 최근에 당신이 누군가에게 이사할 곳을 찾고 있다거나, 어떤 신체적 증상을 경험하고 있다거나, 친구와 논쟁을 했다고 말한 적이 있다면 그때를 떠올려 보라. 어쩌면 당신은 허풍이 섞인 조언을 들었을 것이다. 그러한 자칭 전문가들은 자신이 경험을 통해 얻은 지식을 당신에게도 그대로 주입하려는 태도를 보인다. 효과적인 문제해결을 연구하는 심리학자 혹은 다른 전문가와 같은 진정한 전문가들은 어떤 누구도 당신의 인생에 관한 전문가가 될 수 없다는 사실을 안다. 당신은 자신의 목표가 무엇인지 알고, 가장 중요하게 생각하는 가치 그리고 자신이 가진 자원과 재능이 무엇인지 알고 있다. 비록 그렇다고 해도 우리가 스트레스 상태에 있을 때, 어려운 문제해결을 피하려고 누군가에게 무엇을 해야 할지 물어볼 수 있다는 것은 기분 좋은 일이다. 그러나 불행히도 그들의 견해는 그들에게 있어서는 정확한 문제 기술이 되겠지만 당신의 문제에 대해서는 부정확한 이해가 될 수 있다. 다른 사람들이 말해 주는 것은 자신의 상황에 맞게 선택해서 듣는다는 자세를 가지고, 한 번쯤 고려해 볼 만한 정보로만 받아들여야 한다. 당신에 대한 전문가는 오직 당신 자신뿐이다. 전문적인 치료자가 사람들에게 그들의 문제가 무엇인지 혹은 무엇을 해야 하는지에 대해서는 거의 말해 주지 않는 이유가 바로 여기에 있다. 대신에 전문적인 치료자는 사람들에게 무엇이 중요한지를 이해해서 그들의 개인적인 목표를 달성하기 위해 문제해결과 같은 기술을 제대로 사용할 수 있게 돕는 것이다.

이 문제를 해결하기를 원하는 것에 대해 느낌이 변한 적이 있는가

문제가 무엇인지 분명치 않아서 모호해할 때와는 달리 일단 문제가 명확하게 정의되면 사람들은 문제 상황에 대해 더 이상 스트레스를 받거나 염려하지 않게 된다. 이렇게 되면 이 시점에서 문제를 재평가하는 것이 도움이 된다. 재평가는 간단히 비용과 이득을 분석하는 것이면 된다. 문제가 해결되지 않았을 경우와 비교할 때 문제해결이 됨으로써 얻어지는 이득은 무엇이고 문제해결을 위해 소요되는 비용이 어떠한지를 반드시 살펴본다. 현재 시점에서 예상되는 이득과 비용을 생각해 보고 또한 장기적으로 보았을 때의 이득과 비용은 물론 자신과 가까운 사람들에게 미칠 이득과 비용은 어떠한지도 생각해 본다.

　이러한 이득과 비용을 일지나 노트에 적어 보자. 한 페이지를 두 칸으로 나누고 왼쪽 칸에는 문제가 해결되지 않았을 때의 잠재적 이득과 비용을, 그리고 오른쪽 칸에는 목표가 달성되었을 때 얻을 수 있는 이득과 비용을 적도록 한다. 양쪽 결과를 서로 비교하고 이러한 비용-이득 분석표를 행복과 연관되는 당신의 문제 상황을 재평가하는 데 활용하도록 한다.

　한 가지 성과라면 여기서의 상황은 당신이 해결해야만 하는 문제가 더 이상 아닌 것으로 재평가할 수도 있다는 점이다. 다른 한편으로는 문제를 알맞게 정의해 놓으면 이로 인해 자신의 행복을 위협하는 상황을 제대로 인식할 수 있게 된다. 그러면 이제 자신에게 '위협은 어디에 있는가?' 혹은 '일어날 수 있는 최악의 상황은 어떤 것인가?' 와 같은 질문을 해 보자. 초점을 사실에 제대로 맞춘 것인지, 아니면 앞에서 다루었다시피 알게 모르게 위협감을 증폭시키는 잘못된 생각 예를 들어, 무분별한 의미의 확장을 당신이 계속 범하고 있지는 않은지 생각해 보라. 다른 한편으로 문제를 적절히 정의해 놓으면 주의를 기울일 경우 깊이 있고 복잡한 문제도 파악할 수 있게 된다. 예를 들어, 우리와 함께 작업한 앤서니 Anthony란 환자가 자기의 문제는 '적당한 결혼 상대를 만나는 것에 곤란을 겪는 것' 으로 정의할 수 있다고 거듭 주장해 왔다. 그러나 반복해서 토론하고 다양한 문제 정의 이행표를 완성하게 한 결과, 앤서니는 친밀감이 생기는 것을 피하기 위해 그가

129

만났던 모든 여자들의 결점을 찾아내서 결국 좋은 관계로 발전되는 것을 고의적으로 망쳐 왔다는 사실이 드러났다. 이로써 그의 진짜 문제는 일종의 '친밀한 관계에 대한 두려움'이라는 것이 확실해졌다. 그러므로 적당한 사람을 찾으려는 그의 모든 시도는 항상 실패한 것이다. 앤서니에게 있어서 그 문제는 결국 '여자와 친밀해지고 사랑하는 관계가 되는 것에 대한 두려움을 어떻게 극복할 것인가?'로 수정되어서 더욱 정확하게 정의되었다.

문제 정의하기 기술에 대해 자신감이 생긴다면, 이제 다음 장으로 넘어가서 여러 가지 대안책을 창조적으로 생각해 내는 방법효과적인 문제해결자가 되기 위한 세 번째 단계을 배울 차례다. 🌸

6 【3단계】 대안책: 창의적인
방식으로 대안책 세우기

a   d   A   p   t

Attitude   Define   Alternatives   Predict   Try out

 Emile Cartier

한 가지 생각만 하는 것보다 위험한 것은 없다. 에밀 카르티에

당신의 여행에서 가능한 모든 경로를 고려하라

지금 해결하고자 하는 문제를 포함해서 당신은 문제를 어떻게 정의하면 되는지와 관련해 연습을 마쳤으므로 이제는 목표에 도달하기 위해 장애물을 극복하는 방법에 대해 여러모로 생각해 보자. 문제해결을 여행하는 과정으로 생각해 본다면 목표에 도달하는 것은 A에서 B로 가는 것, 즉 B를 목적지로 하는 목표에 도달하는 것이라고 생각할 수 있다. 어떤 여행에서든지 가고자 하는 곳이 분명하더라도 B로 가는 길은 여러 개가 있을 수 있다. 종종 다른 길을 택하면 다른 결과가 뒤따른다. 어떤 길은 멀지만 여행 경비가 적게 들 수 있으며 어떤 길은 경비가 더 들지만 빨리 갈 수 있으며, 또 어떤 길은 경치가 아름답지만 더 많은 시간이 필요할지도 모른다.

다른 대안에는 다른 결과가 따르겠지만, 길이 단지 하나만 있는 경우에 대해서도 생각해 보자. 슈퍼마켓에 갔더니 한 가지 종류의 시리얼밖에 없다면, 혹은 이번 주말에 가려는 동네 극장에 상영 영화가 통틀어 한 편밖에 없다면, 당신은 어떤 느낌을 갖게 되겠는가? 많은 연구 결과에 따르면, 인생에서 선택할 수 있는 대안의 수가 매우 제한되어 있을 때 사람들은 희망을 갖지 못하고 더 많은 무력감을 느낀다고 한다. 또한 세상을 바라보는 시각이 극단적으로 좁을 때 자살 충동과 행동으로 이어질 수 있다. 프랑스의 철학자 에밀 카르티에Emile Cartier가 말했듯이 한 가지 생각만 하는 것은 위험한 상황을 초래할 수 있다. 반면에 사람들은 선택할 수 있는 대상이 많다고 여길 때 조화롭고 안전하며 희망찬 느낌을 갖는 경향이 있다.

그러므로 실생활의 스트레스성 문제에도 해결 방식을 다양하게 생각하는 것이 최선의 해결책을 찾고 더 희망적인 느낌을 갖는 데 도움이 된다. 문제해결 과정의 이러한 단계를 여기서는 '대안 생성 단계'라고 부르기로 한다. 우선 이를 위해 가능성 있는 아이디어들을 모두 모아 놓은 목록에 대해 생각해 보자. 그렇게 하려면 브레인스토밍brainstorming의 다양한 원리를 활용할 필요가 있다. 브레인스토밍은 양분법적 사고 혹은 흑백논리를 최소화시킨다. 여러 가지 대안을 생각해야 하는 경우 브레인스토밍을 하면 충동적으로 생각하는 경향이 적어지고 심사숙고하게 되며 계획적으로 생각하게 된다. 또한 브레인스토밍은 융통성과 창의성을 증가시켜서 실제로 당신이 고안해 내는 대안의 질과 양이 향상된다는 것이 연구에서도 밝혀졌다.

브레인스토밍 원리를 사용하면 참신한 해결책을 생각하는 동안 무엇인가 쉽게 결정하려는 성급한 태도 역시 줄일 수 있다. 문제 상황과 맞닥뜨렸을 때 당신이 특히 감정적으로 큰 영향을 받는 유형이라면 이 방식은 더욱 중요해진다. 감정이라고 하는 것은 종종 생각을 지배하거나 생각에 영향을 주어서 사람들로

하여금 융통성 없이 자신의 부정적인 생각과 느낌에서 벗어나지 못하는 방향으로 상황을 선택하게 만든다. 정서적으로 압도되는 경우에 브레인스토밍을 하게 되면 자신의 본래 모습으로 되돌아오기가 쉬워진다. 더욱이 이 기법을 사용하면 문제를 해결하는 일에 초점을 맞추고 자신의 시간과 에너지를 투입할 방향을 결정하는 데 도움이 된다. 문제에 휩싸여 부정적인 감정에 빠져 있기보다는 무엇인가 생산적인 방법을 생각해 내려고 애를 써 보는 것이다.

자신의 문제를 해결할 수 있는 가능한 방식들을 목록으로 만들어 본 후 이를 토대로 직접적으로 문제에 부딪쳐 보는 것은 생산적인 사고방식의 한 부분이다. 문제해결에도 도움이 안 되고 감정적으로 고통스러운 방향으로 에너지를 투입하는 것을 비생산적인 사고방식이라고 하며, 이는 앞의 경우와 반대되는 개념이다.

직장에서 집으로 가는 마지막 기차를 놓친 리타Rita와 나오미Naomi가 보이는 반응의 차이를 생각해 보자. 각자 저녁식사 약속이 있었다. 리타는 마지막 차편을 놓친 자신에 대한 원망과 분노라는 부정적인 감정뿐만 아니라 자신의 무책임, 부주의 그리고 스스로를 믿을 수 없다는 부정적인 생각에 집중하고 있었다. 기차가 떠난 것에 대해 계속해서 낙심하였는데, 그것은 그녀가 집에 늦게 도착하여 저녁 약속을 지키지 못할 것이기 때문이다. 이러한 사고방식은 결국 더욱 부정적인 생각과 감정을 초래한다.

리타는 4시간 후에도 여전히 괴로워하면서 기차역에 계속 앉아 있었다. 이것은 비생산적인 사고의 결과다.

한편, 나오미는 멈춰 서서 자신의 문제'나는 기차를 놓쳤어.'뿐만 아니라 목표 '마지막 기차를 놓친 이 상황에서 어떻게 하면 가능한 한 빨리 저녁이 지나기 전에 집에 도착할 수 있을까?'에 관해서도 합리적으로 생각했다. 이러한 생산적 사고에 따라서 나오미는 목표에 도달할 수 있는 다양한 대안적인 방법을 생각해 내려고 했다. 그녀의 목록 일부를 보면 저녁 약속 연기하기, 버스나 택시 타기, 집까지 태워 줄 사람을 찾아보기, 자신을 데리러 오라고 집에 전화하기, 집에 들르지 않고 다른 역으로 가는 기차를 타고 저녁 약속 장소로 바로 가기 등이 포함되어 있었다. 4시간 후에 나오미는 다른 기차역으로 자신을 태우러 온 동료와 즐거운 저녁 시간을 보내게 되었다.

효과적인 해결책을 찾도록 도와주는 브레인스토밍의 세 가지 원리는 다음과 같다.

* 양quantity이 곧 질quality이 된다.
* 판단을 연기하라.
* 여러 가지 전략과 전술을 생각하라.

다다익선의 원칙

가능하면 생각이나 선택 가능한 해결책을 많이 만들어 내는 것이 중요하다. 문제에 대해 대응할 방법들을 많이 만들어 낸 후에 다음 단계에서 대응 방법들을 검토해 나간다. 대안이 많을수록 양질의 선택을 할 기회도 많아진다는 것은 연구 결과에 의해서도 뒷받침된다. 또한 문제해결 다중처리의 외현화 규칙에 근거해서, 아이디어를 단순히 머릿속으로 정리하는 것보다는 그것을 글로 써서 목록으로 정리하는 것이 양과 질적인 면에서 수준을 향상시킨다. 아이디어를 종이에 적게 되면 문제해결자는 자기가 할 일이 무엇인지 필요할 때마다 볼 수 있어서 집중이 잘되며, 아이디어를 반복해서 생각해야 하는 부담도 적어질 뿐 아니라 같은 아이디어를 중복해서 생각하지 않아도 된다. 더욱이 브레인스토밍 결과를 적어 놓으면 훗날에도 그것을 참고할 수 있으며, 또한 그것은 문제해결 시도를 하는 데 확실한 버팀목 역할을 할 수 있다.

이러한 기술을 사용하는 데 도움이 될 만한 짤막한 문구를 살펴보자. 예를 들어, 우리는 종종 환자들에게 다음과 같은 질문을 한다. '어떤 가게로 가야 마음에 꼭 드는 물건을 살 가능성이 커질까요? 더 큰 가게로 가야 하나요? 아니면 더 작은 가게로 가야 하나요?' 분명 우리 모두는 다양한 상품의 선택이 가능한 더 큰 가게를 선호할 것이다. 참고로 말하자면, 새로운 기법을 배우는 일에 대해 사람들은 대개 저항적이기 때문에 이러한 유추에 이의를 제기하는 의심 많은 환자들을 만나기도 한다. 돈Don이라는 46세의 남성은 '가게' 유추에 대해서 듣고는 "음, 그 말은 틀린 것 같아요. 제가 아들한테 줄 야구 유니폼을 사러 갔을 때, 다른 가게들도 조금 둘러봤는데 집 근처에 있는 작은 가게보다 백화점이 더 비쌌거든요. 12달러나 아꼈어요."라고 반격했다. 이 반응에 대해서 그에게 다음과 같이 지적해 주었다. "그거 잘됐네요. 그래도 아직 더 많은 가게를 둘러보지 않고서는 당신이 싼 가격에 샀다는 것은 절대 알 수 없지요!"

판단 연기의 원칙

브레인스토밍을 잘하려면 판단하는 것을 가급적 늦춰야 한다. 해결책에 대한 아이디어를 많이 만들어 내려면 머릿속에 떠오르는 아이디어 하나하나를 사소한 것이라도 모두 기록하는 것이 중요하다. 아이디어 떠올리기 과정을 일찍 끝마치면 효과적인 해결책을 얻기 위한 생산적이고 창의적인 생각이 제한되기 때문이다. 따라서 문제해결 과정의 현재 단계에서는 상당히 제한된 해결책을 갖고 성급히 평가하는 단계로 넘어가지 않도록 하는 것이 매우 중요하다. 이 시점에서는 단지 어느 아이디어가 현재의 문제와 관련이 있는지의 여부만을 따지면 된다. 달리 말하면, 이 중요한 시점에서는 해당 아이디어가 옳다거나 그르다고 말할 수 없다는 것을 명심하자. 당신이 생각해 낸 어떤 아이디어에 대해 그것이 좋은지 나쁜지를 판단하는 것은_{마음속으로 하는 것일지라도} 창의성을 깎아내리므로 곧 중지해야 한다.

사람들은 자신이 생각하기에도 자기 아이디어 중 어처구니없고, 비현실적이고, 어리석다고 여기는 것은 자신에게 좋지 않은 영향을 미칠 수 있다고 생각하여 이러한 아이디어를 말하는 것을 종종 꺼리게 된다. 아이디어가 좋고 나쁜지 판단하는 것을 실제 뒤로 미룬다면 아이디어 생성 속도는 상당히 높아진다. 예를 들어, 어떤 아이디어가 처음에는 어리석고 불가능한 것처럼 보이더라도 그것이 유용하거나 가능한 다른 관련된 아이디어를 촉발시킬지도 모르기 때문이다. 비판적으로 평가한다면 이러한 기술을 배우는 과정에서는 이상하고 비현실적일 수 있는 엉뚱한 아이디어들을 일부러 의도적으로 만들어 보도록 연습시키기도 한다.

어떤 사람들에게는 판단 연기의 원칙을 따르는 것이 쉽지 않을 수 있다. 예를 들어, 몇몇 사람들은 자신이나 혹은 다른 사람들이 제안한 대안 아이디어에 대해서 '네, 그렇지만…….'으로 반응하는 행동양식을 보인다. 우리는 보통 '네, 그렇지만 그렇게 되지 않을 것 같아요. 왜냐하면…….', '네, 그렇지만 저는 그렇게 한 적이 없어요. 왜냐하면…….', '그거 좋을 것 같아요. 그렇지만 만약에…….', '저는 그렇게 생각했어요. 그렇지만 그것을 쓴 적은 없어요. 왜냐하면…….' 과 같이 말하곤 한다. 만약 당신이 '그렇지만' 과 같은 충동을 느낀다면 다음에 제시된 비유가 도움이 될 것이다.

아이디어 목록을 당신이 준비해야 하는 레스토랑 메뉴로 생각하라. 대부분의 저녁 메뉴에는 어린이, 성인, 노인, 배가 많이 고픈 사람, 간단한 식사를 원하는 사람, 야식, 디저트 혹은 스테이크를 원하는 사람의 입맛을 만족시켜 줄 다양한 선택 사항이 있다. 그중에는 특정한 사람들이 좋아하지 않거나, 어떤 사람들은 하루 중 특정한 시간에는 먹고 싶지 않다고 생각하는 메뉴들도 있을 것이다. 그러나 당신의 레스토랑이 다양한 선택권을 제공한다면 고객을 만족시킬 가능성은 그만큼 더 커지는 것이다. 마찬가지로, 문제를 해결하기 위해 생각해 내는 대안책의 목록에 대한 판단을 가급적 늦추라는 것은 이렇게 해야 당신이 자신의 목표를 충족시킬 만한 만족스러운 해결책 혹은 다양하게 생각할 가능성을 증가시키기 때문이다. 그러한 아이디어로서의 대안들이 모두 마음에 들 수는 없을 것이다. 그러나 메뉴판이라는 목록에 그런 아이디어를 올린 것은 해가 될 것도 없다. 당신이 나중에 의사 결정을 할 때 그중에서 자신에게 가장 잘 맞는 해결책을 선택할 수 있기 때문이다.

다양성의 원칙: 전략과 전술을 생각하라

다양성의 원칙이란 생성된 해결책의 범위가 넓으면 넓을수록 또는 다양하면 다양할수록 양질의 아이디어를 더 많이 발견할 수 있다는 것이다. 구체적인 해결책을 생성해야 하는 단계에서 어떤 사람들은 한 가지 전략밖에 내놓지 못하거나 일반적인 수준의 아이디어만을 내놓는 경향이 있다. 이러한 좁은 안목의 아이디어를 내놓는 경우는 다다익선의 원칙을 지키고 판단 연기의 원칙 또한 제대로 적용한 사람들에서조차 발생할 수 있다. 이 상황을 바꾸려면 다다익선의 원칙과 판단 연기의 원칙을 적용해서 만들어 놓은 해결책의 목록을 다시 잘 읽어 본 다음 그중에서 서로 다른 상이한 전략을 계통별로 모두 찾아내도록 한다. 이 작업을 위해 당신은 생성된 해결책을 영역별로 분류해야 하고 어떤 공통된 원칙에 따라 그룹별로 구분해야 한다.

이렇게 분류한 결과 일부 전략에 해당하는 아이디어들이 별로 없는 것으로 나타난다면 그 전략에 속하는 해결책을 위해 별도로 곰곰이 생각해 본다. 그런 다음 새로운 전략을 찾아내고, 그 전략에 숨은 구체적인 해결책도 찾으려 노력해 본다.

전략과 전술을 구별할 수 있게 되면 브레인스토밍에서 아이디어를 어떻게 선택해야 할지도 알게 된다. 전략은 사람들이 문제 상황에 적응하고 향상시키려고 시도하는 행동의 일반적인 과정이다. 예를 들어, 소피Sophie라는 부인은 그녀의 딸과 사위가 손자와 함께하는 휴일 계획과 특별 이벤트에서 자신을 소외시킨 몇 가지 사건이 있은 후에, 자신을 '화나고, 슬프고, 상처받은' 것으로 묘사했다. 그녀는 딸 내외와의 관계를 개선하는 방식을 찾기 위해 그들과 함께 의사소통하는 방법에 대해 브레인스토밍 했다. 소피의 목표는 자신에게 그 관계가 얼마나 중요한지 그리고 자기가 생각하는 방식이 관계 변화에 필요하다는 사실을 표현하는 것이었다. 그녀는 먼저 몇 가지 일반적인 전략을 나열했는데, 다음과 같다.

* 무신경한 딸 내외의 행동을 무시하기
* 화가 나고 마음의 상처를 받았다는 것을 딸에게 말로 표현하기
* 딸과 대화하기 위해 그녀에게 집에 와서 며칠 머물다 가라고 초청하기
* 자신에게 더 잘하라고 딸에게 요구하고 가족 행사에 자신을 포함시켜 달라고 요청하기
* 만약 계속 그런 식으로 하면 딸과 결별하겠다고 겁주기
* 손자를 만나는 것이 자신에게는 매우 중요하다는 것을 딸에게게 말하기
* 앞으로는 자신이 딸로부터 어떻게 대우받기를 원하는지에 대해 명확하고 구체적으로 알리기

전술은 전략을 행동으로 옮기는 구체적인 단계의 내용이다.

여러 가지 서로 다른 전술에 대한 아이디어를 생각해 낼 때는 '판단을 연기하는 기술'과 동시에 가능한 한 상황을 하나하나 조목조목 생각해 보는 것이 바람직하다. 소피는 자신의 해결책 목록에 전술도 포함시켰다. 예를 들어, 그녀가 앞으로 어떻게 대우받기를 원하는지 그리고 명확하고 구체적으로 의사소통하는 것에 대해서 다음과 같은 전술들을 적어 놓았다.

* 다음에 만날 때 딸과 사위에게 직접 이야기하기
* 이 문제를 의논할 구체적인 계획을 준비하기
* 이메일 보내기
* 편지 쓰기
* 가족 중 다른 사람을 시켜서 자신의 감정을 딸에게 알리기
* 자신과 딸이 잘 의논할 수 있도록 누군가로 하여금 중간 역할을 하게 하기
* 딸에게 전화하기

대안을 생각해 내는 두 가지 방법을 여기서 제시하고 있는데, 이를 이용하면 전략 – 전술 원리의 개념을 토대로 해결책의 대안을 생성해 내는 방법을 알 수 있는 새로운 안목을 갖게 된다. 전략이 단지 하나만 있다면 전체적으로 행하는 문제해결 노력은 비효과적이거나 비생산적일 가능성이 높아진다. 그러므로 한두 가지 한정된 전술에만 초점을 두거나 일반적인 접근 방식으로

제한하기보다는 광범위하고 다양한 전략과 전술에 대해 생각하는 것이 중요하다.

  예를 들어, 소피의 경우 해결책을 많이 생각해 내기가 어려웠는데, 나중에 알고 보니 자신의 전략들이 모두 딸과 사위의 행동을 바꾸어 보겠다는 관점에서 만들어진 것들이었다. 이를 깨닫고 소피는 일반적인 형태의 가능한 전략부터 생각해 내기로 했다. 그리고 딸의 행동을 자신의 통제 밖에 있다고 받아들이는 한편, 마음가짐을 달리 갖는다면 이전에 인식하지 못했던 다른 일련의 전술들을 쉽게 떠올릴 수 있다고 생각하게 되었다. 소피는 '관계가 개선되도록 자신이 변화시킬 수 있는 방식'에 대한 새로운 전술들을 많이 적었는데, 다음과 같다.

  * 남편과 자신만 참석하는 행사와 이벤트를 준비하기
  * 손자와 직접 의사소통하기
  * 딸 내외의 처사를 너무 부정적으로 보지 않도록 자신이 변화하기
  * 딸을 방문하려고 계획할 때 남편에게 도움을 요청하기
  * 자신의 기대치를 낮추기

창의적인 사고의 흐름을 유지하라

앞의 사례에서 자신이 기록한 전략과 전술들을 재확인해 본 결과, 소피는 자기 스스로 무엇인가 고정된 생각의 틀에 갇혀서 갖게 된 전략의 내용이 매우 제한되어 있다는 것을 깨달았고, 그로 인해 그녀는 창의적인 전략을 더 생각해 보아야겠다는 동기부여를 받았다. 아이디어를 만들어 내는 것에 대해 곤란을 느낄 때는 창의성을 고무시킬 수 있는 또 다른 방식이 도움이 된다. 즉, '다른 사람이라면 이 문제를 어떻게 해결할까 하고 상상해 보는 것이다. 여기서 지혜, 강점, 용기 혹은 창의성 측면에서 감탄할 만한 어떤 사람을 연상하면 도움이 된다. 예를 들어, 소피가 좋아하는 텔레비전 프로그램 중 하나는 오프라Oprah 쇼오프라 원프리가 진행하는 미국의 유명한 토크쇼–역자 주다. 그러므로 소피가 다른 유형의 전략을 생각할 수 있는 한 가지 방식은 오프라가 자신과 같은 문제에 직면했을 때를 상상해서 '오프라라면 어떻게 할까?' 라고 자문하는 것이다. 혹은 영화나 소설에서 좋아하는 인물의 눈을 통해 문제를 바라보는 상황을 상상할 수 있겠다. 또는 랍비, 달라이 라마, 예수와 같은 정신적 지도자나 역할 모델과 대화를 하고 있다고 상상하고 그들이 자신에게 제안하는 것은 무엇일지에 대해 생각해 본다. 아니면 친구 혹은 가족 구성원들의 입장이 되어서 그들이라면 이 문제를 해결하기 위해 무엇을 할 것인가를 생각해 보는 것이다.

또 다른 방식으로서 시각화의 원리를 사용하는 것도 가능하다. 즉, 자신의 상상력으로 문제를 생각한 다음, 당신이 문제에 대처하는 시도를 하는 상황과 문제해결 목표를 달성하는 모습을 시각화한다. 목표를 달성하기 위한 다른 방식에 관해서도 생각해 보라.

창의성을 높이는 또 다른 방식은 해결책을 새롭게 만들어 내기 위해 각기 다른 생각을 조합하거나 혹은 생각을 개선하거나 해결책을 수정하는 것이다.

중요한 것은 이러한 방식으로 창의적인 생각과 상상을 한다면, 당신은 더 넓은 시각을 갖게 되고 경직된 사고에서 벗어나 자신이 선택할 수 있는 영역을 창조적으로 증가시킬 수 있다는 것이다.

대안 만들기 연습

어떤 기술을 처음 배울 때는 먼저 쉬운 것부터 연습할 필요가 있다. 예를 들어, 운전을 배우는 첫날에 고속도로 주행 연습을 하는 일은 없을 것이다. 또한 테니스를 처음 배우는 경우 연습을 시작한 지 이틀 만에 테니스 시합을 하지는 않는다. 이 말이 무슨 뜻인지 당신은 아마 이해했을 것이다. 일상생활의 문제를 해결하는 데 좋은 아이디어가 잘 떠오르지 않을 때 창의성을 향상시키는 한 가지 기본적인 방법은 재미있는 예를 들어서 연습한다거나 자신에게 잘 들어맞는 문제로 연습하는 것이다.

여러 사람 앞에서 상담과 관련된 이야기를 할 때, 필자는 종종 벽돌 하나를 가지고 무엇을 할 수 있는지에 대해 가능한 한 많은 아이디어를 말해 보라고 한다. 그러면 믿기 어렵겠지만 몇 분 만에 사람들은 100개 이상의 아이디어를 만들어 내는 것을 볼 수 있다. 재미 삼아서 당신도 한 번 이 연습을 해 보라. 노트에 벽돌 하나로 할 수 있는 일이 무엇이 있을까에 대해 5분 동안 가능한 한 많이 적어 보는 것이다. 만일 아이디어를 창의적으로 생각해 내기가 쉽지 않다면, 브레인스토밍의 원칙을 되새겨 보자. 양은 질을 이끄는 것이고, 판단을 연기하는 것도 잊지 않으면서, 일반적인 다양한 아이디어 예: 전략의 차원를 비롯해서 보다 구체적인 아이디어 예: 전술적 차원에 대해 하나하나 생각해 나간다.

역할 모델의 경우도 상상해 보자. 누군가가 그 벽돌 하나를 갖고 할 수 있는 일에 대해서 생각해 보는 것이다. 내 친구 스미스라면 벽돌 하나로 무엇을 하려 할까? 영화배우 톰 크루즈라면? 범죄자라면? 예술가라면? 원예사라면 또 어떻게 할까? 이러한 연습이 생각에 생각을 더 부추길 것이다.

다음으로, 옷걸이 하나로 할 수 있는 일에 대해 아이디어를 내 보는 것도 재미있는 연습이 될 것이다. 자신이 경험하는 실생활과 관련된 문제를 생각해 보라. 당신이 새로 이사를 가서 소외감을 느끼게 되면서 이제 막 새로운 사람들을 만나려고 하는 상황을 예로 들 수 있는데, 이에 대한 아이디어를 만들어 보는 것 또한 가능할 것이다. 아이디어 만들기 기술의 연마를 위해 연습이 필요하다.

이제 잘 정의된 문제와 현실적인 목표를 생각하기 위해 이전에 다루었던 스트레스성 상황의 문제로 돌아가서 내용을 파악해 보자. 해당 문제에 대해 가능성이 있는 해결책에는 어떤 것들이 있는지를 노트에 적어 본다. 브레인스토밍의 원칙을 사용한다는 것을 잊지 마라. 만약 이것이 잘 안 되면 펜을 놓고 잠시 과제에서 벗어나 몇 시간이 지난 후에 다시 돌아와서 해 본다. 자기도 모르게 이 일에 몰두하고 있는 자신의 모습을 볼 수 있을 것이다.

창의적인 사람들은 실패를 두려워하지 않는다

창의성을 발휘하는 데 있어서 큰 장애가 되는 것 중의 하나는 두려움이다. 여러 아이디어를 만들어 낼 수 있을 만큼 자신이 똑똑하지 않다는 두려움, 어리석고 수준 낮은 아이디어가 될 것이라는 두려움, 다른 사람들의 의견에 끌려가는 듯한 느낌의 아이디어 혹은 자기가 남을 봐주는 것으로 여겨지는 아이디어로 보일 것이라는 두려움, 자신의 해결책이 완벽하지 않을 것이라는 두려움 등등이 여기에 해당한다. 더 나열할 수도 있지만 이미 말하고자 하는 의미를 알아차렸을 것이다. 창의적인 사람들의 한 가지 공통점은 틀에서 벗어나서 생각하기를 두려워하지 않고, 다른 사람들이 기대하거나 찬성하지 않는 일도 마다하지 않으며, 이전과 다른 새로운 행동이나 관점을 보이는 것에 대해 두려워하지 않는다는 것이다. 당신이 두려움을 갖고 있더라도 당신에게 두려움이 없지는 않을 것 같다. 다양한 대안책을 계속 생각해 나간다면 당신의 창의성은 한층 빨리 향상될 수 있다. 공자의 옛 경구, "가장 위대한 승리는 쓰러지지 않는 것이 아니라, 쓰러질 때마다 다시 일어나는 것이다."라는 말을 기억하라. 만약 당신이 창의적으로 되는 데 감정적으로 많은 어려움을 느낀다면, 감정을 적응적으로 사용하는 방법과 관련된 기술을 다루는 5장의 내용을 더 연습할 필요가 있다. 🌳

7 【4단계】예측: 결과를 예측하고 해결 계획 수립하기

a   d   a   **P**   t

Attitude   Define   Alternatives   **Predict**   Try out

Robert Ingersoll

자연에는 보상이나 처벌 같은 것은 없다.

오직 결과가 있을 뿐이다. 로버트 잉거솔

앞서 정의한 문제에 대한 가능성 있는 해결책, 즉 브레인 스토밍으로 많은 아이디어를 생각해 냈다면, 이제 다음 단계가 궁금해질 것이다. 즉, 그렇게 많은 아이디어로 실제 문제와 관련해서 무엇을, 어떻게 할 것인가 하는 점이다. 다시 말하면, 이들 아이디어 중에 어떤 것이 나에게 가장 잘 들어맞는 효과적인 해결책인가 하는 문제다. 이 장에서는 각각의 대안 아이디어가 갖는 잠재적 가치를 어떻게 평가하는지에 관한 방법에 초점을 두기로 한다. 예상되는 것이 무엇인지를 생각함으로써 해당 문제에 대해 더 작업할 것이 있는지 또는 문제가 해결된 것으로 보아야 하는지를 알 수 있기 때문에 여기서 제시되는 평가 관련 정보는 중요하다.

필자가 문제에 반응하는 행동에 대해 환자들과 토론할 때 "내가 한 것이 잘한 것입니까?"라는 질문을 종종 받게 된다. 물론 그 답은 자신의 목표가 무엇인지 그리고 취했던 반응들이 원하는 성과를 고려할 때 도움이 되었는지에 달려 있다. 행동과정이 제대로 수행되고 있는지를 평가하는 방법을 여기서 배우게 된다면 이 질문에 대해 스스로 답할 수 있을 것이다. 그렇게 되면 문제해결에 좀 더 자신감을 갖고 나아갈 수 있게 된다.

아이디어에 대한 판단

6장에서는 자신의 문제에 대한 대안들을 어떻게 하면 창의적으로 다양하게 생각해 낼 수 있는지 살펴보았다. 그리고 자유로운 아이디어를 더 많이 만들려면 '판단 연기하기' 기법을 사용하는 것이 중요하다고 강조했다. 이제 이 장에서는 판단을 주로 행하게 된다. 여러 선택 사항에 대해 각각의 성공 잠재력을 평가한 다음 그중에서 어떤 것을 행동으로 실천해 볼 것인지를 당신이 결정하게 된다. 각각의 대안 아이디어에 대해 그것이 가져올 긍정적인 결과와 부정적인 결과를 꼼꼼이 따져 보는 것이다. 특히 짜증이 날 때 사람들은 가능한 한 문제를 빨리 처리하려고 하기 때문에, 어떤 해결책을 검토하면서 부정적인 부분은 보지 못하고 그것이 얼마나 효과적일지에 대해서만 생각하려고 한다. 그러나 각각의 아이디어를 평가할 때는 좀 더 객관적이고 체계적인 태도를 취해야 부정적인 결과를 최소화하고 긍정적인 결과를 최대화할 수 있다. 물론 예상되는 결과가 긍정적이냐 부정적이냐 하는 것은 상황에 크게 좌우되고 또 누가 그 문제를 겪는가에 따라서도 매우 달라진다. 바로 이것이 단순히 문제를 어떻게 다루어야 할지 조언을 듣기보다 효과적인 문제해결 기술을 직접 배워야 하는 이유다. 우리 모두는 서로 다르며, 동일한 해결 계획을 갖더라도 그에 대한 효과는 대상에 따라 다르게 나타난다. 앞에서 언급한 19세기 미국인 법률가 로버트 잉거솔Robert Ingersoll의 말처럼 결과는 본래 긍정적이거나 부정적이지 않지만 그럼에도 불구하고 존재하는 것이다. 무엇이 옳은지 평가하는 것은 각자의 몫이다.

좋지 않은 선택의 악영향

하고자 하는 어떤 것을 선택하거나 혹은 생각하는 방식을 선택하는 것 또한 하나의 해결책으로 간주된다. 또한 문제를 해결하기 위해 취하는 어떤 '행동'을 해결책이라고 생각하곤 한다. 우리는 문제가 부분적으로 해결될 수 있음에도 불구하고 효과적이지 않은 해결책을 매일 반복함으로써 이차적인 문제와 고민거리 그리고 여러 가지 부정적인 결과를 일으키는 일들이 우리 주변에 적지 않음을 알아야 한다. 예를 들어, 음주, 도박, 회피, 공격적인 발언과 행동 혹은 부정확한 사실을 누군가에게 억지로 납득시키려는 이와 같은 방식은 많은 사람들이 일상의 문제를 해결하는 데 사용하는 방식이다. 이런 식의 해결책은 단기적으로는 스트레스를 줄이고 위안을 줄 수도 있지만 부정적인 결과를 끊임없이 초래한다. 이러한 행동은 더 많은 문제를 일으키기 쉬워서 결국 좌절감과 무망감hopeless 그리고 비효율적인 느낌만을 일으킬 뿐이다. 누구나 스트레스에서 빨리 벗어나기를 원하지만, 자신이 선택한 일련의 행동이 자신과 타인의 전반적인 행복에 미치는 영향 그리고 그것에 따르는 비용과 이득은 무엇인가를 예상해 보는 것이 중요하다.

한편, 해결책이 효과적이면 자신의 목표가 더 가까워질 뿐만 아니라 시간이 지나면서 선택에 따른 부작용이나 나쁜 영향을 감소시킨다. 효과적인 결정의 경우 이를 실행하는 것이 단기적으로는 어려울 수 있으나 그만큼의 긍정적인 값어치가 장기적·단기적 결과로 많이 나타나게 된다.

예를 들어, 필자가 치료한 버니스 Bernice라는 여성의 경우는 다른 사람들의 필요에 의해서 자신을 희생시키는 이력을 가지고 있었다. 가족 중 직장을 다니는 사람은 그녀뿐이어서 시간을 내기가 쉽지 않은데도 근처에 살고 있는 부모님은 약속 시간을 번번이 바꾸어 일정을 다시 맞추곤 해야 했다. 더 많은 봉급을 받는 직업을 갖기 위해 이사하려고 했을 때도 부모님은 극구 반대했다. 버니스의 부모님은 "네가 이사하면 누가 우리를 병원이나 가족 모임에 데려다 주겠느냐?"라며 불평했다. 동거남인 야나 Jana는 그녀에게 좀 더 독립적으로 행동하라고 불평했으나, 버니스는 자기 비하의 경향이 있어서인지 자신은 다른 사람들을 항상 기쁘게 해 주어야 한다는 믿음을 가지고 있었다. 또한 자신과 야나의 관계를 부모님이 나쁘게 보지 않는다는 점에 대해서는 매우 감사하게 여겼다. 그래서 이 문제에 대한 버니스의 초기 대안책 중 하나는 '야나에게 이사하고 새 직업을 가지는 것은 그리 중요하지 않다고 설득해야겠어. 나는 여기 남아서 부모님에 대한 죄책감 없이 지내면서 부모님이 우리를 좋게 여기도록 해야 해.'라는 것이었다. 그러나 야나는 버니스의 선한 천성을 이용하는 사람들을 지켜보면서 좌절감을 느꼈으며, 이사를 하는 것이 그녀의 개인적인 발전에 큰 도움이 됨에도 불구하고 부모가 이사하는 것을 반대하는 것에 화가 났다. 불행히도 버니스는 종종 야나와 다투었고, 그녀는 부모님이 원하는 대로 따름으로써 모든 문제에서 벗어나기를 내심 바랐다. 그러나 버니스가 이 문제의 대안을 생각하면 할수록 선택에 따른 장기적인 결과를 더 많이 알게 되었다. 그중 하나는 그녀가 조건과 보수가 좋은 직업을 놓치게 되는 것이다. 게다가 야나와의 관계에 대한 문제도 있었다. 결국 그녀의 부모는 달라질 것 같지 않고 아무리 그녀가 '음, 다음 기회가 또 있을 거야.' 라고 생각하려고 해도, 같은 문제가 반복될 것이 뻔하다는 사실을 예상하게 되었다. 버니스가 더 창의적으로 대안을 만든다면, 자신의 행복과 능력을 희생시키지 않고 객관적인 입장에서 부모님에게도 의지가 되어 줄 수 있는 다른 방법을 찾을 수 있다는 것을 깨달았다.

효과적인 선택하기

어려운 문제를 해결하기 위해 무엇을 하면 좋을지를 선택하고 결정하기란 결코 쉬운 일이 아니다. 아일랜드의 소설가 조지 무어George Moore는 "인생에 있어서 어려운 것은 선택이다."라고 말했다. 그러나 의사 결정이 비록 어렵기는 하지만 인생에 대한 더 많은 통제감과 행복을 가져올 수 있다.

연구들을 보면 효과적인 의사 결정에는 다음의 중요한 4단계가 있는 것으로 밝혀졌다.

* 명백하게 비효과적인 해결책 걸러 내기
* 가능한 결과 예상하기
* 해결책 성과 평가하기
* 효과적인 해결책을 확인하고 해결 계획 수립하기

명백하게 비효과적인 해결책 걸러 내기

어떤 아이디어가 가장 최선인지를 쉽게 결정하고 싶다면 대안 아이디어 목록 중에서 확실하게 좋지 않은 것을 제거해 나가는, 즉 '비효과적인 해결책 걸러 내기'를 먼저 시도하는 것이 좋다. 대안 아이디어를 만들어 나갈 때 염두에 두었던 기준은 오직 한 가지, 즉 지금 이 아이디어가 현재의 문제와 관련이 있는지의 여부라는 것을 기억할 것이다. 브레인스토밍의 원칙을 이용하여 아이디어를 모을 때는 당연히 비효과적인 것들이 포함되기 마련이다. 그러므로 모든 아이디어를 평가하려고 시간을 보내기보다는 초기에 매우 안 좋은 것들을 먼저 간단히 걸러 내는 것이 도움이 된다. 이때 명백하게 비효과적인, 즉 매우 부정적인 결과로 이어지는 혹은 실행하기 매우 어려운 대안은 제외하도록 한다.

🕐 가능한 결과 예측하기

대안 아이디어에 대한 결과를 예상할 때는 다음 두 가지를 우선 생각하라.

* 이 해결책이 나의 목표 달성에 도움이 될 것인가?
* 내가 이것을 실행할 수 있겠는가?

그다음에 설명되는 개인적 · 사회적 측면의 다양한 결과에 대해 각 대안 아이디어의 결과가 어떠할지를 이차적으로 예상한다. 각 항목에서 반드시 장기적 · 단기적 결과를 생각해야 한다.

개인적 결과, 즉 문제해결자인 자신에게 미치는 영향은 다음을 포함한다.

* 정서적 행복예: 기쁨, 고통
* 투자한 시간과 노력
* 신체적 건강

* 심리적 건강예: 우울, 불안, 자존심

* 경제적 안정예: 직업의 안정

* 자기 성취감예: 만족감, 지식

* 기타 개인적 목표, 가치, 활동

사회적 결과, 즉 타인에게 미치는 영향은 다음을 포함한다.

* 중요한 주변 사람들의 개인적 혹은 사회적 행복

* 다른 사람의 권리

* 중요한 대인관계

* 개인적 또는 사회적 지위 평가예: 평판, 지위, 신망

체크리스트를 잘 살펴보면 당신은 일상생활에 관련된 문제의 해결책이 다양한 형태로 다른 결과를 가져올 수 있다는 것을 아마 알 수 있을 것이다. 그러므로 문제해결을 위해 다중 작업을 해야 하는 경우 외현화 규칙이 적용될 필요가 있다는 것을 기억한다면 예상되는 결과를 미리 적어 보는 것이 중요하다예를 들어, 버니스의 경우 '죄책감을 느끼게 될 것이다. 부모님도 상처를 많이 받을 것이다. 야나와 나의 관계도 결국 엉망이 될 수 있다. 나는 이 직장을 얻을 기회를 놓칠 수 있다.'라고 썼다. 이렇게 하면 긍정적이든 부정적이든 예상되는 결말을 파악하는 데 도움이 된다.

해결책의 성과 평가하기

  이 단계에서는 이전 단계에서 파악한 다양한 결과적 상황을 근거로 각각의 대안 아이디어를 평가하게 된다. 체계적으로 이 부분을 더 잘 수행하기 위해 당신이 평가한 내용을 적어 나가는 것이 중요하다. 자, 이제 노트를 꺼내어 페이지의 맨 위쪽에 자신의 문제해결 목표를 적는다. 다음에는 각 대안들을 간략한 형식으로 적는다. 만약 앞 장에서 다룬 특정 내용에 관심이 있다면, 그 페이지를 펼쳐서 관련된 내용의 정보를 확인한다즉, 문제 정의하기, 대안 생성하기. 만약 문제를 아예 다른 것으로 바꾸려 한다면 2, 3단계로 돌아가도록 한다.

  이제 페이지의 오른쪽에 세로로 네 개의 칸을 만들고 다음 질문에 대한 답을 각각의 칸에 적어 넣는다〈표 7–1〉 참조

  * 이 해결책이 그 문제를 해결할 것인가?
  * 내가 이 해결책을 수행할 수 있는가?
  * 장·단기적으로 나에게 미칠 전반적 영향은 무엇인가?
  * 장·단기적으로 타인에게 미칠 전반적 영향은 무엇인가?

  앞서 제안한 것처럼 전체적인 대안 목록에서 개략적인 걸러내기를 수행한 후에 각 대안 아이디어에 대해서 이 네 가지 질문을 하고 다음과 같이 표시하여 평가하라.

* 일반적으로 긍정적일 때, +
* 일반적으로 부정적일 때, －
* 중립적일 때, 0

대안을 평가할 때, 앞의 네 가지 질문을 잘 고려하고 그 결과에 대해 생각하라. 예를 들어, 만약 어떤 대안에 대한 첫 번째 질문이 해결책이 그 문제를 해결할 것인가?의 답이 '그렇다'이면 그 칸에 더하기 표시[+]를 하고, 답이 '아니다'이면 빼기 표시[－]를 한다. 각각의 대안 아이디어 모두에 대해 네 가지 질문의 평가 답을 표시한다.

경험해 보지도 않고 해결책의 구체적인 결과, 특히 느낌이나 감정과 같은 주관적인 결과를 미리 예상해서 평가하는 것은 그리 쉬운 일이 아니다. 이것이 쉽지 않다면 특정한 해결책을 실행했을 때 무슨 일이 일어날 것인지를 시각화해 보면 도움이 된다. 이 경우 자신의 생각과 느낌에 초점을 두어야 한다. 실제로 결과가 어떨지 한 번 '경험하는' 시도를 해 보는 것도 바람직하다. 그리고 노트에 메모한 후에 그것을 훑어보면서 다시 평가해 보자.

🕐 효과적인 해결책을 확인하고 해결 계획 수립하기

각각의 대안 아이디어를 평가한 후 다음의 세 가지 질문을 스스로 해 보자.

* 이 문제는 과연 풀릴 수 있는 문제인가? 즉, 만족할 만한 해결
  책이 있는가?
* 어떤 해결책을 선택하기 위해 사전에 관련 정보가 더 필요하지
  않은가?
* 어떤 해결책 또는 해결책의 조합을 선택해서 실행해야 하는가?

1. 이 문제는 과연 풀릴 수 있는 문제인가?

이 질문에 답하려면 당신이 적어 놓은 해당 대안에 대한 평가 점수를 모두 더해야 한다 즉, 더하기가 몇 개인지, 빼기가 몇 개인지, 0이 몇 개인지를 계산한다. 만약 효과적인 해결책이라고 생각된다면 답은 '그렇다'로 표시한다. 달리 말하면, 효과적인 대안이란 부정적인 결과의 수가 가장 적고 빼기는 적을수록, 긍정적인 결과의 수가 가장 많은 더하기는 많을수록 것이 된다. 그러나 이러한 평가에서 완벽한 해결책은 없다는 것을 유의해야 한다. 만일 점수는 가장 높은데 그 대안 아이디어가 부정적인 결과를 가져올 가능성이 몇 개 있는 것으로 나타난다면, 목록에 적혀 있는 다른 대안들을 훑어본 다음에 이 중 이 같은 부정적인 영향이 없는 것은 없는지 살피고 싶을 것이다. 이 과정을 통해서 가장 높은 점수가 매겨진 대안에 대해서는 연관되는 부정적인 결과를 감소시키기 위해 아이디어의 내용을 약간 수정하거나 조정하는 방법이 필요함을 깨닫기도 한다. 그러나 부정적인 결과를 모두 없앨 수는 없다. 유능한 문제해결자라면 예상되는 부정적인 결과를

크게 줄이겠지만, 어떤 해결책이든 항상 부작용이 따르기 마련이다.

2. 어떤 실행 해결책을 선택하기 위해 사전에 관련 정보가 더 필요하지 않은가?

만약 대부분 대안들이 부정적으로 평가된다면즉, 빼기가 많은 것으로 드러났다면, 한 걸음 물러나서 자신이 문제를 올바르게 정의했는지 혹은 충분히 많은 대안을 만들어 놓았는지 재검토하도록 한다. 필요하다면 되돌아가서 이전 단계를 다시 밟아야 한다. 그러나 효과적인 해결책의 아이디어 개수가 적은 경우 또 다른 이유가 있을 수 있다. 여러 해결책과 그 효과에 대해 많은 생각을 한 끝에 사실 그 문제가 해결 가능하지 않다는 것을 당신이 알게 될 수도 있다. 만약 그렇다면, 자신의 목표를 재검토해서 해결할 수 없는 문제를 해결하려고 시도하기보다는 좀 더 정서 중심적인예를 들어, 문제에 대한 반응을 변화시키기, 그 상황은 자신이 원하는 방식으로는 변화될 수 없다는 것을 받아들이기 것으로 변화시킬 필요가 있다.

3. 어떤 해결책 또는 해결책의 조합을 선택해서 실행해야 하는가?

이 시점에서 해결 계획을 수립하기 위해서는 가장 높은 점수의 대안 아이디어를 선택해야 한다. 효과적인 해결책의 정의에 따라, 긍정적인 결과는 최대화하고 부정적인 결과는 최소화하는 동시에 문제를 만족스럽게 해결한다고 하는 일반적인 원칙과 목표에 일관되도록 해결 계획을 세운다.

해결 계획은 단순하거나 복잡할 수 있다. 단순한 계획이라면 평가 점수를 보고서 해결책 하나를 고르거나 행동 형태를 고르면 된다. 매우 만족스러운 결과가 예상되는 해결책이 단지 하나만 있는 경우라면 단순한 계획으로도 충분하다. 그러나 때때로 더 어려운 문제는 더 복잡한 해결 계획이 제시되어야 한다. 복잡한 계획에는 두 가지 유형이 있는데, 하나는 해결책의 아이디어가 여러 개 조합되는 형태이고 또 하나는 긴급 대책이다. 조합된 해결책의 경우는 동시에 수행할 대안책들을 여러 개 선택해서 조합한다. 이것은 어떤 해결책을 하나보다 여러 개를 선택하는 쪽이 더 효과적인 경우 혹은 극복해야 할 문제에 여러 장애물이 있을 경우 사용한다. 인생의 많은 문제들은 복잡하고 극복해야 할 장애물들도 많이 포함하고 있으므로 규모가 큰 해결 계획을 세울 때는 문제해결책의 선택에 앞서서 몇 가지 구체적인 해결책 전술을 찾아보도록 한다. 긴급 대책이란 상황이 발생하면 그것에 맞춰서 급하게 실행해야 할 해결책을 모아놓는 것이다. 즉, 해결책 A를 먼저 실행하고, 만약 효과가 없다면 해결책 B를 실행하고, 이 역시 효과가 없다면 해결책 C를 실행해 보는 것이다.

긴급 대책의 또 다른 형태는 먼저 A라는 특정한 행동과정을 실행하고 A의 성과에 따라 B나 C를 실행하는 것이다. 어떤 한 가지 해결책 혹은 해결책의 조합만으로 효과를 확신할 수 없을 경우에는 이와 같은 긴급 대책을 세우는 것이 좋다. 즉, 초기 해결책 선택이 성공적이지 않을 때 또는 시간 절약이 필요할 때, 긴급 대책을 준비하는 것이 도움이 된다.

이렇게 해서 문제해결을 위한 계획이 마련되었다면, 그것을 실행하기 전의 마지막 단계는 언제, 어디서, 그것을 어떻게 실행할 것인지에 관한 세부 사항을 구체적으로 기입하는 것이다.

실습을 위한 예제

의사 결정 기술을 연습하는 예제로서 다음 문제를 해결해 보자. 이를 통해 문제해결 기술이 더욱 향상될 것이다.

🕐 문 제

당신이 가족과 함께 차를 타고 영화관으로 가고 있는데 시간이 촉박한 상황이다. 그런데 차의 연료가 얼마 남지 않았다는 것을 알았다. 시간을 보니 바로 가면 늦지 않을 것 같은데, 만약 주유소에 들른다면 늦을 것 같다. 한편, 차를 멈추지 않고 영화관까지 갈 수 있을 만큼 휘발유가 넉넉하지 않다. 당신은 어떻게 하겠는가?

문제해결 목표

가족과 함께 영화를 보며 즐거운 저녁 시간을 보내는 것

 가능한 대안 간단한 의사 결정의 예

* 멈추지 않고 영화관까지 계속 운전한다.

* 휘발유를 채우기 위해 주유소에 들른다.

* 오늘 밤에는 영화 관람을 포기한다.

* 멈추어 서서 자동차 서비스 센터에 전화한다.

* 지금 있는 곳에서 가까운 레스토랑으로 간다.

* 영화관에 가는 대신 쇼핑몰에 간다.

* 휘발유를 충전해 줄 수 있는 친구에게 전화한다.

* 주차해 놓고 택시를 부른다.

* 기타 등등 대안 생성 연습을 위해 더 많은 아이디어를 내고 싶으면 브레인스토밍

원칙을 이용해도 좋다.

〈표 7-1〉
간단한 의사 결정의 예

대안	Q1	Q2	Q3	Q4
멈추지 않고 영화관까지 계속 운전한다.				
휘발유를 채우기 위해 주유소에 들른다.				
오늘 밤에는 영화 관람을 포기한다.				
멈추어 서서 자동차 서비스 센터에 전화한다.				
지금 있는 곳에서 가까운 레스토랑으로 간다.				
영화관에 가는 대신 쇼핑몰에 간다.				
휘발유를 충전해 줄 수 있는 친구에게 전화한다.				
주차해 놓고 택시를 부른다.				

 결과의 예상

이 예의 첫 번째 아이디어를 살펴보자멈추지 않고 영화관까지 계속 운전한다. 실제 이렇게 할 경우 예상되는 결과를 확인하고, 예측하고, 평가하는 방법을 연습해 보자. 일지나 노트에 예상되는 다양한 결과를 적고 각각을 평가하라. 한 예로, 연습에 참여했던 프레드Fred 라는 친구가 적었던 내용을 살펴보자.

[나에게 미치는 영향] 운전하는 동안 내내 조바심이 날 것이다. 기름이 다 떨어지면 걸어가야 하므로 피곤해질 것이다. 가족들을 곤란에 빠뜨려서 기분이 상하게 된다. 기름이 떨어지기 전에 차를 멈추지 않은 것에 대해 스스로에게 화가 난다. 잊지 말아

야 할 교훈은 사전 준비를 잘하는 것이다. 차에 기름이 떨어지면 영화관에 도착하지 못한다. 기름이 다 떨어지면 우리는 한참을 걸어야 한다. 가장 가까운 주유소가 어딘지 모른다. 제시간 안에 영화관에 도착한다면 안심이다. 영화가 끝날 시간이면 주유소가 문을 닫을지도 모른다.

[타인에게 미치는 영향] 약속 시간에 도착하지 못해 가족들과 같이 영화를 보지 못하면 가족들은 놀라고 기분이 처질 것이다. 제시간에 영화를 보게 된다면 가족들이 즐거워할 것이다. 아이들에게 준비성이 없다는 나쁜 본보기가 된다.

물론 이 예의 답이 완벽한 것은 아니다. 다만 결과를 예상하고, 대안을 평가하는 연습을 제시하기 위한 것이다. 여기서 대부분의 아이디어란 긍정적인 측면과 부정적인 측면의 결과를 낳는다는 사실을 알았을 것이다. 좋은 결정은 부정적인 결과보다 긍정적인 결과를 더 많이 포함한다. 어떤 대안이 결과에 미치게 될 영향을 모두 확인할 시간을 갖는다면 필요 시 앞의 과정으로 돌아가서 몇 개의 아이디어를 추가로 선택할 수 있다.

연습을 더 하고 싶다면 해결하고 싶은 자신의 다른 문제에 대해서도 같은 작업을 해 보면 된다. 문제해결의 1, 2, 3단계, 즉 긍정적인 태도를 수용하고, 문제를 정확하게 정의하고, 현실적인 목표를 설정하고, 대안 아이디어를 다양하게 만드는 것을 시도해 보라. 이제는 각각의 대안 아이디어에 대한 결과를 예상하고 대안을 평가한다. 이러한 평가를 토대로 하여 가장 효과적인 대안을 찾고 전체적인 해결 계획을 수립하는 것이다.

대안을 선택할 때마다
이 같은 과정을 모두 거쳐야 하는가

그것은 상황에 따라 달라진다. 어떤 시점에서 의사 결정 과제의 구체적인 단계를 거치는 것은 운전을 배우는 사람이 일요일 아침, 사람이 없는 주차장에서 운전 연습을 하는 것과 유사하다. 즉, 각 단계에 대한 연습을 많이 하면 할수록 당신은 이런 단계를 어려움 없이 저절로 자연스럽게 해 나갈 수 있게 된다. 마찬가지로, 다양한 결과의 가치를 예상하고 평가하는 연습을 많이 한다면 이후에는 문제를 해결하기 위한 표를 매번 작성하지 않아도 해 나갈 수 있게 된다. 단, 이전에 치료했던 환자들의 말을 빌리면 매우 어렵거나 복잡한 문제를 해결하려 할 때는 각 단계를 거치는 것이 효과적인 해결 계획을 세우는 데 궁극적으로 많은 도움이 된다고 한다.

해결 계획을 수립했으므로 이제 다음 장의 5단계인 '실행: 해결 계획의 실행과 성과 평가하기'로 넘어가자. 🌳

8 【5단계】 실행: 해결 계획의 실행과 성과 평가하기

a
Attitude

d
Define

a
Alternatives

p
Predict

T
Try out

Indigo Girls

가장 기분이 좋을 때는 계획한 문제해결책을
행동으로 옮기는 시기다. 인디고 걸스

John F. Kennedy

계획을 실행하는 데는 비용과 위험이 따르지만,
실행하지 않고 방치하여 나중에 생기게 될 위험과 비용은
그보다 훨씬 더 크다. 존 F. 케네디

인디고 걸스의 노래처럼 해결책을 정한 후 실제 계획대로 실행하는 것은 꽤 기분 좋은 일이다. 그러나 그렇다는 정도로 이야기를 끝내려는 것은 아니다. 일단 결정을 하고 계획을 실행하게 되면 체계적이고 계획적인 태도를 잘 지키지 않는 경우가 많다. 유능한 문제해결자가 되려면 이 마지막 단계에서 좀 더 할 일이 남아 있다. 즉, 해결 계획을 실행한 후 그 과정을 감시해서 실제로 성공했는지를 평가하는 일이 그것인데, 이것은 해당 문제의 해결 작업을 계속할 필요가 있는지 혹은 해당 문제가 실제 성공적으로 해결되었는지를 판단하고, 만약 문제해결 기술에 부가적인 세부 조정이 필요한 영역이 있다면 그것이 무엇인지를 파악하는 중요한 과정이다.

문제해결 성과가 항상 완벽하게
나타나는 것은 아니다

어떤 사람들은 문제해결에 대한 기대를 처음부터 너무 비현실적으로 높게 잡고 있어서 곤란이 생기기 때문에 합리적인 수준으로 기대하라는 것을 거듭 강조하고 싶다. 필자는 사람들에게서 "정말 열심히 노력했지만 여전히 제가 원하는 대로 바뀌지는 않아요."라는 말을 빈번히 듣는다. 앞서 설명한 효과적인 문제해결 태도를 떠올려 보자. 유능한 문제해결자가 되려면 우선 불가능한 것보다는 현실적인 것에 기대를 걸어야 한다. 또한 단지 부정적으로 드러난 결과에만 집착하지 말고 긍정적으로 드러난 결과에도 초점을 맞추는 것이 중요하다.

해결책의 실행 단계

문제해결의 마지막 단계인 '해결책 실행 단계'에서는 다음 활동을 하게 된다.

* 해결책대로 실천해 보도록 스스로를 부추긴다.
* 해결책을 실행한다.
* 실행 결과를 관찰하고 감시한다.
* 문제해결을 위해 노력한 자신에게 스스로 포상을 한다.
* 수행이 곤란한 부분을 해소한다.
* 전문적인 도움이 언제 필요한지를 살핀다.

해결책대로 실천하도록
스스로를 부추기기

    효과적인 문제해결—즉, 긍정적인 태도 수용하기, 정확하고 현실적으로 문제 정의하기, 문제를 개선하기 위한 방법에 관한 전략과 전술을 브레인스토밍하기, 각각의 해결책이 잠재적으로 가지고 있는 다양한 득실을 예상하고 평가하기, 행동과정 선택하기—의 앞선 네 단계에서 많은 노력을 기울였다고 하더라도, 지금은 당신이 그 해결책을 실행해야만 하는 단계다. 자신이 정한 해결책을 실제 행동으로 옮기려면 행동 계획의 입장에서 해결 계획을 세우도록 한다. 사람들은 가끔 행동으로 옮기는 것을 염려하거나 걱정하는데, 그 이유는 자신이 달라져야 한다거나예: 자기의 태도가 이제부터는 바뀌어야 하는 것 또는 문제 상황 자체의 본질을 바꿔야 하기예: 다른 사람의 행동이나 특정한 상황을 변화시키려 시도하는 것 때문이다. 이럴 때는 행동 계획이 실제로 실행될 수 있도록 자신에게 동기를 부여하는 것이 중요하다. 문제해결의 두 번째 단계에서는 문제가 무엇인지를 정의한 후 작업 이행표를 작성했다. 그리고 이때의 작업 이행표를 이용하여 만약 문제해결에 대한 자신의 입장이 달라진다면 상황은 어떻게 되고 그때의 이해득실은 무엇인지를 이미 따져 보았을 것이다. 겉으로는 작은 일처럼 보여도 입장이 달라짐으로써 생기는 변화의 중요성을 깨달으려면 지금 시점에서 앞의 경우와 유사한 표를 작성해서 살펴보아야 한다.

동기부여 이행표

　노트에 세로로 선을 그어 칸을 둘로 나눈다. 왼쪽 칸에는 문제해결을 하지 않을 때 예상되는 득실의 목록을, 그리고 오른쪽 칸에는 주어진 목표를 달성했을 때 예상되는 득실의 목록을 작성한다. 그 결과를 서로 비교해서 자신의 행복에 관한 문제를 재평가하는 데 이해득실 분석을 사용하는 것이다. 자신과 중요한 타인에 대한 득실뿐만 아니라 예상되는 즉각적인 득실과 장기적인 득실을 고려해야 한다는 것을 잊지 않도록 한다. 목록을 작성한 후에 당신이 왜 이 문제에 초점을 두었는지, 가장 바람직한 해결책을 왜 그렇게 열심히 찾고자 했는지를 계속 생각하고 싶다면, 이 동기부여 이행표를 집이나 사무실에 붙여 놓고 수시로 봐야 할 것이다. 앞서 언급된 존 F. 케네디John F. Kennedy 전 대통령의 말과 같이 행동 계획에 위험이 존재할지라도 행동을 하지 않는 것이 더 심각한 결과를 초래할 수 있음을 주지하라.

 해결책 실행과정의 또 다른 장애들

　행동 계획을 실행하고자 하는 의지가 매우 강하다 하더라도 때때로 예상하지 못했던 장애물을 만날 수 있다. 예를 들어, 시간이 지날수록 문제가 더 나빠지는 상황이나 사정이 여의치 않아서 실행에 쏟을 수 있는 자원시간이나 기타 여건이 적어지는 상황이 발생하기도 한다. 비록 계획을 실행하는 것에 스스로 동기부여가 되어 있다고 느끼더라도 이러한 상황이 되면 자연히 불안이나 걱정이 생기게 된다. 또한 계획하고 있는 시점에서 실행에 필요한 특정 지식이나 능력이 당장 준비되어 있지 못한 경우도 있을 것이다. 이와 같은 이유로 계획을 실행하는 것이 불가능하다면 다음과 같이 해 본다.

> * 더 효과적으로 실행할 수 있는 대안책을 찾기 위해 현재 문제
>   해결 과정의 직전 단계로 돌아간다.
> * 새로 발견한 장애물을 극복하기 위해 전체적인 문제해결 5단
>   계를 새롭게 시작한다.

감정적인 어려움이나 장애가 계속 나타난다면 감정적인 상황에 더 효과적으로 대응할 필요가 있으므로 5장과 부록에 포함된 '스트레스 관리 전략' 의 연습을 해 보도록 한다.

해결책 실행하기

이제 당신이 세운 해결 계획을 실행할 때가 되었다. 현재의 문제에 가장 적절할 것으로 보이는 대안을 선택하기 위해 '의사결정 기술' 을 적용했다면, 이미 이 단계에서 계획을 어떻게 실행할 것인지에 대한 행동 계획이 짜여 있을 것이다 예를 들어, 간단하

거나 복잡한 계획, 해결책의 조합 혹은 긴급 대책 중 어느 것이 적합한지를 이미 정해 놓은 것이다. 이것이 특히 중요한 이유는 가장 창조적이고 유용한 생각이라 하더라도 생각을 어떻게 행동으로 옮길 것인지에 관한 단계적인 계획이 없으면 실행 자체가 곤란해지기 때문이다. 계획의 각 부분을 확인하고 해결책을 실행했을 때의 결과를 관찰하기 위해서는 계획의 각 단계를 노트에 잘 정리해 두는 것이 중요하다.

예를 들어, 5장에 제시된 직장 상사와의 문제를 겪고 있는 제인의 경우를 살펴보자. 제인의 문제해결 목표는 공공 방송의 뉴스 담당 비서인 자신이 실제로는 자신의 업무를 크게 벗어나는 다른 많은 일을 하는 것에 대해 인정받을 뿐만 아니라 보상받는 것이다. 예를 들어, 뉴스 진행을 위한 비서 업무 이외에도 그녀는 종종 특별 이벤트를 계획하고 관리했으며, 공공 교육 캠페인 부서의 광고 기사를 준비하는 외에도 자원봉사 부원들을 관리하는 프로듀서 부서를 도와주기도 했다. 제인은 목표에 도달하기 위한 대안을 생성하고 평가한 후에, 임금 인상을 요구하기 위해 상사와의 특별한 만남을 준비하는 대안을 선택했다. 그녀의 계획은 다음과 같다.

* 예산이 결정되는 시기에 상사 만나기
* 월요일 일과를 마치고 상사와 약속 정하기 일반적으로 월요일에는 덜 바쁘고 방송국 사람들이 스트레스를 덜 받는다.

＊ 자신의 업무 이외에 해야만 했던 일들을 목록으로 작성하기
＊ 추가적인 업무에 대한 재정적 이익을 산정하기 예: 성공적으로 지원
　자들을 조직하는 것, 성공적인 이벤트 후에 받은 기부금의 액수 등

　또한 제인은 이 계획을 성공적으로 실행하기 위해 그녀의 사
촌이자 큰 지역 회사의 인적자원부에서 일하는 케리 Kerry에게 자
신의 역할연기를 평가해 달라고 부탁했다. 상사와 만나서 자신
의 요구를 관철시키는 사전 연기를 해 본 후 말과 행동 스타일을
조언해 달라고 한 것이다. 이렇게 한 다음 제인은 자신의 계획을
멋지게 실행하는 데 필요한 모든 것들을 목록으로 만들어서 그
에 따라 각 단계의 효과를 파악하려고 했다.

 해결 계획을 최선으로 실행하기 위한 도움말
　자신의 행동 계획을 성공적으로 실행하는 데 다음의 몇 가지
훈련이 도움이 될 것이다.

＊ 실행하기 전에 마음속으로 자신의 계획을 미리 연기해 본다.
＊ 자신이 믿는 누군가와 행동 계획에 대해 역할연기를 해 본다.
＊ 계획에 대해 생각한 것을 말로 표현해 본다 예를 들어, '우선 목표를
　진술해야지. 그런 후 내 힘으로 이 문제를 해결했을 때 일어날 긍정적 성과를 생각해
　봐야겠지? 이제 숨을 크게 들이쉰 다음, 해결 계획을 행동으로 옮겨야 할 때가 된 것
　같아. 상사에게 이야기를 할 때는 불안해질 수도 있으니까 그를 만나기 직전에 말할

것을 미리 연습할 필요가 있겠지? 그리고 말을 할 때는 억지로라도 차분하게 해야 한

다는 걸 잊지 말아야지. 그래야 덜 불안해질 테니까…….' 라고 말해 본다.

＊ 지시 사항 혹은 사용 설명서와 유사하게 이 단계를 상세하게 글
　 로 적어 놓는다.

성과 파악하기

　체중 감량 중에 있는 사람이라면 일주일에 한 번쯤은 체중을
재 보는 것이 기본이다. 만약 부수입을 저축해 나가는 사람이라
면 가계부와 보관된 영수증을 살펴보는 것은 당연한 일이다. 고
혈압 때문에 혈압을 낮추어야 한다면 정기적으로 혈압을 재 보
는 것이 마땅하다. 문제해결 또한 이와 다르지 않다. 해결책을
직접 실행했을 때의 실제 성적과 함께 그 성과를 숫자로 측정하
여 파악하는 것은 앞의 예와 마찬가지로 중요하다. 이러한 정보
를 기록하는 방법에는 몇 가지가 있는데, 해당 문제에 가장 적합
한 기록 방식은 평가 중에 있는 문제해결의 실행 계획이 어떠한
방식인지에 따라 달라진다.

반응 빈도

　단순히 반응 횟수를 헤아릴 수 있다. 예를 들어, 담배꽁초의 개수, 교실에서 아동이 제자리를 이탈하는 횟수, 순서에 맞지 않게 말하는 횟수, 10대의 딸이 귀가 시간을 어긴 횟수, 데이트 신청을 한 횟수 등이 이러한 형태의 측정에 포함된다.

 반응 지속 시간

　특정 반응을 완수하는 데 걸리는 시간을 기록할 수도 있다. 예를 들어, 보고서 작성을 마치는 데 걸리는 시간, 책을 읽은 시간, 매일 운동을 하는 시간, 출퇴근에 소요되는 시간, 하루 중 잠을 자는 시간 등이 이 측정치에 포함된다.

 반응 시간

　특정 사건 또는 일이 발생한 순간부터 그에 대한 반응을 보이는 순간까지의 시간 간격을 기록할 수도 있다. 예를 들어, 수업에 몇 분이나 늦는지, 정해진 귀가 시간보다 몇 시간이나 늦게 귀가하는지, 저녁식사 시간에 몇 분이나 늦게 식탁에 앉는지 등이 이 측정치에 포함된다.

 반응 강도

　불안의 정도, 두통의 강도 및 심각성, 우울의 정도, 성욕의 강도, 특정 행동과 결합된 기쁨 또는 만족의 정도 등을 평가할 수도 있다. 이러한 평정치의 측정에는 간단한 점수예: '1=아주 약함, 5=아주 강함'을 나타내는 5점 척도가 흔히 사용된다.

 반응 결과

　행동 그 자체를 측정하는 것이 아니고 행동에 따른 이차적 상황 또는 영향을 측정할 수도 있다. 예를 들어, 데이트 신청이 받아들여진 횟수, 시간당 포장한 상자의 개수, 판매한 상품의 개수, 책 읽기를 한 쪽수, 체포당한 횟수, 해결된 문제의 개수 등이 포함된다. 노트를 꺼내어 당신이 해결책을 통해 얻은 것을 관찰하고 평가하는 방법에 대해 생각한 것을 적도록 한다당신이 원하는 것에 맞는 방법을 찾기 위해서는 브레인스토밍 원칙을 활용한다.

수행 성적 평가하기

　계획의 각 단계를 신중히 관찰하고 그 결과를 잘 추적했다면, 계획을 행동에 옮긴 다음 그 성적을 실제 점수로 매길 수 있다. 제인의 경우를 예로 들어 살펴보면 그녀는 자신의 업무 외적인 일로 재정적인 대가를 요구하는 것은 억지일지도 모른다고 생각하여 스스로 상당히 불안하고 염려한다는 것을 관찰했다그녀는 늘 자신의 권리를 주장하는 것을 주저했다. 그러나 제인은 자신의 상사에게 일이 가져다주는 금전적 이익을 정리해서 상사에게 보인다면 방송국에서 자신의 가치를 더 잘 알아주고 자기주장을 수용하는 데도 도움이 된다는 것을 깨달았다. 그렇게 정리를 한 결과, 실제로 임금 인상을 요청하기가 더 수월해지는 것 같았다_{비록 여전히 불안한 느낌이지만}. 또한 제인은 상사에게 할 말을 사촌과 연습하기 전에는 자신감이 영 없었는데, 역할연기 연습을 하고 사촌의 조언을 들은 후에 더 자연스러운 내용으로 준비를 잘할 수 있었다.

　　노트를 꺼내어 다음의 수행평가 이행표의 질문에 답함으로써 스스로를 평가하고 계획에 따라 달성한 수행 성적과 결과를 적어 나갈 수 있다.

 수행평가 이행표

　　1~5의 평정척도를 사용해서 다음의 질문에 답하라.

> ① 전혀 그렇지 않다　② 조금 그렇다
> ③ 보통이다　④ 그렇다　⑤ 매우 그렇다

＊ 해결 계획의 결과에 얼마나 만족하는가?

＊ 해결 계획이 자신의 목표에 얼마나 잘 부합하는가?

＊ 자신에게 미치는 영향에 대해 얼마나 만족하는가?

＊ 이러한 효과는 개인적 결과에 대해 원래 예측했던 것과 얼마나
　 일치하는가?

＊ 다른 사람에게 미치는 영향에 대해서는 얼마나 만족하는가?

＊ 이러한 효과는 다른 사람에 관한 결과에 대해 원래 예측했던 것과 얼마나 일치하는가?

＊ 전반적으로 그 결과에 얼마나 만족하는가?

이 질문에 대한 답을 기초로 할 때, 당신이 기대했던 것과 실제로 일어났던 좋은 일들이 일치하는가?

＊ 그 문제가 해결되었는가?

＊ 자신에게 부정적인 영향보다 긍정적인 영향이 더 많은가?

＊ 다른 사람들에게도 부정적인 영향보다 긍정적인 영향이 더 많은가?

만약 이 질문들에 대한 대답이 대체적으로 '그렇다'이면, 성공적으로 수행한 자신을 칭찬하고 스스로에게 포상을 하기 위한 다음 단계로 넘어가자.

문제해결을 위해 노력한
자신에게 스스로 포상하기

　이제는 문제해결을 위해 노력한 자기 자신을 칭찬하고 포상할 때다. 성공적으로 문제를 해결한 부분에 대해서만 선택적으로 보상하는 것이 아니라, 더 나아가 자신이 쏟은 모든 노력에 대해 칭찬하고 포상한다는 것에 유의하라. 어느 한 가지 문제에 대한 노력의 결과와 상관없이, 문제해결 기술을 사용하고 그 결과를 추적함으로써 이제 자신의 기술을 스스로 향상시킬 수 있게 되었다는 점이 중요하다. 제인의 경우를 예로 들면, 자신이 실행한 내용에는 대체로 만족하지만 20%의 임금 인상을 요구한 것에 비해 단지 10%만 올려 주겠다고 한 것은 다소 실망스러웠다. 비록 제인이 전반적인 결과에 대한 만족도를 '어느 정도 만족함'으로 평가했다 할지라도, 자신에 대해서 많이 배울 수 있었던 기회였고 또한 '수년간 직장과 집에서 희생하고 열심히 일한 것에 대해 대가를 바라지 않고 값싼 노동력을 제공한다는 느낌이 어떠한 것인지를 알게 되었다.'고 생각했다. 다른 사람들이 그녀에게 해 주는 것을 수동적으로 받기만 한 결과, 결국 그들을 원망하는 상황에 이르게 되었다. 그러나 이제 그녀는 솔직해지고 앞으로는 자신을 더 당당하게 주장하려고 노력하게 되었다. 방금 전의 그러한 느낌이 이렇게 이끌어 주는 데 도움이 되었다. 그 결과 제인은 문제를 해결함으로써 단순히 임금을 인상받는 것 이상의 더 많은 것을 얻게 되었다.

수행이 곤란한 부분을 해소하기

다른 기술들을 배울 때도 마찬가지지만 문제해결 기술을 처음 연습할 때는 다소 실수를 하기 마련인데, 이럴 때는 문제해결이 더 효과적으로 될 수 있는 방법에는 무엇이 있었을지를 되짚어 볼 필요가 있다. 새로운 문제해결 기술을 터득했을 때 느낌이 어떠했는지를 생각해 보자. 스스로를 관찰하고 행동을 감시하는 새로운 방법을 터득하고자 할 때 이런 느낌이 꽤 의미가 있다. 그것이 학교나 직장, 스포츠, 양육에서 배우게 되는 어떤 것이든지 요리나 사진 혹은 악기 연주와 같은 취미에서 배우는 어떤 것이든지 간에 그것을 좀 더 잘하려 한다면, 많은 연습을 하고 자신이 어떻게 하고 있는지를 스스로 관찰하고 조절해 나가는 것은 당연히 중요하다. 연습을 하고 자신을 관찰해야만 연습이 가장 필요한 부분이 무엇인지를 확인할 수 있는 것이다.

예를 들어, 제인의 경우 지난 몇 년간 사무실에서 자신이 취한 행동을 살펴본 후, 사람들로부터 인정받기 위해서 다른 사람들이 부당하게 시키는 일에도 결코 싫다는 내색을 하지 않았다는 것을 깨달았다. 그 결과 사람들은 제인에게 대가를 주지 않으면서 계속 더 많은 일을 맡기는 상황을 가져왔다. 제인은 자신의 문제해결 노력을 되짚어 본 결과, 문제가 무엇인지를 정의할 때부터 잘못된 추측을 많이 했다는 것을 알게 되었다. 예를 들면, 일을 많이 하면 사람들이 나중에 그것을 인정해 줄 것이라고 생각한 점과 그렇게 사람들이 인정한다면 봉급 또한 올려 줄 것이라고 예상한 점이다. 제인은 그동안 생각해 왔던 것이 실현 불가능하다는 사실과 자신에게 갖는 호감이 어떻든지 간에 사무실에 있는 대부분의 사람들은 오직 자신들의 대우 문제에 관해서만 신경 쓰고 있다는 것을 깨달았다.

전문적인 도움이 언제 필요한지를 살피기

자신의 문제해결 노력이 어떠한지를 관찰하고 평가하다 보면 문제해결 노력에 반복적으로 지장을 주는 것이 나타나서 이 부분을 다시금 처리하고 해결해야 하는 상황이 생기기도 한다. 이러한 경우에는 별도로 전문적인 도움을 구하는 것이 좋다. 문제해결 노력의 과정에서 언제 전문적인 도움을 받으면 좋을지 알기란 쉽지 않다. 그것 자체가 중요한 결정 사항이거나 해결할 문제인 경우도 있다. 이 책에서 제시한 모든 단계를 열심히 따랐음에도 불구하고 다음의 증상을 적어도 하나 이상 경험한다면 당신에게 전문가의 도움을 받도록 권유한다.

* 장래에 대한 희망이 없다는 생각을 계속한다.
* 자신 혹은 타인에게 피해를 주고 있다는 생각을 계속한다.
* 자신이나 타인에게 위험이 될 만큼 자학 행동을 보인다.
* 정신적 혼란으로 인해 문제해결에 초점을 두는 것이 불가능하거나 잠시라도 주의를 기울일 수 없을 정도로 정신이 산만하거나 혹은 문제해결 단계를 끝낼 수 없을 만큼 잡념이 엄습한다.
* 내면의 갈등이 끊임없이 계속된다 예: 자신에 대한 부정적인 생각, 감정에 압도되는 것 혹은 목표와 가치에 대한 지속적인 갈등.

예를 들어, 제인의 경우 직장이나 사생활에서 인간관계를 맺고 있는 사람들이 왜 하나같이 모두 자신들의 일을 그녀가 해 주기를 바라는 사람들뿐인지 그 이유가 궁금했는데, 이를 알기 위해서는 외부 도움이 조금 필요하다는 것을 깨닫게 되었다. 여러 번에 걸쳐서 상담을 받은 결과 스스로 다른 사람들에게 잘 보이려는 마음에서 일이 이러한 방식으로 되게끔 사람들을 대해 왔다는 것을 알게 되었다. 가족들과의 관계에서조차 자신을 칭찬하고 좋아하게 하려면 자신의 욕구는 참고 남이 할 일을 대신 떠맡아 주어야 한다는 식으로 생각했던 것이다. 이러한 통찰을 통해서 이제 남들보다는 자신을 위해 살아야겠다는 생각을 하게 되었을 때, 제인은 왜 스스로 비판적인 문제들을 많이 갖게 되었는지 그 이유를 더 잘 이해할 수 있었다. 그 결과 제인은 어떤 사람들에게는 가끔 조심스럽게 경계했으며 자신이 원하는 것에 동조하지 않을 때는 종종 섭섭함도 느끼고 화도 낼 수 있는 자기주장적인 유형이 되었다. 이유를 알게 되자 자신도 모르게 남에게 잘 보이려는 행동을 하려 할 때마다 그렇게 하지 않도록 자신을 다그치기가 쉬워졌다. 이렇게 해서 제인은 결국 스스로에게 더 만족하게 되었고 직장에서의 인간관계도 좋아졌다.

5단계 과정의 종료

이제 유능한 문제해결자가 되기 위한 5단계를 여기서 모두 끝마친다. 마지막 장인 9장에서는 별도의 도움을 주기 위해 이들 단계를 다양한 일상생활 문제에 어떻게 적용하는지에 관한 예시를 보여 줄 것이다. 🏵

9 효과적인 문제해결의 5단계를 일상생활 문제에 적용하기

Solving Life's Problems

사례를 통해 배우기

지금까지는 단계별로 스스로 배워 나가도록 구성된 이 책을 통해서 문제해결 기술을 향상시키는 방법에 관한 지침과 도움말을 살펴보았다. 마지막 이 장에서는 일상생활에서 고민스러운 실생활의 어려움을 극복하기 위해 효과적인 문제해결의 5단계를 실제 어떻게 적용하는지, 필자가 만났던 사람들의 사례를 통해 알아보기로 한다. 이 책 전반에 걸쳐 여러 차례 언급했듯이, 어느 하나의 측면에서 누군가에게는 효과적이거나 유용했던 해결책이라 하더라도 그것이 누구에게나 최선의 해결책일 수는 없다는 것을 다시 한 번 강조하면서 몇 가지 사례를 제시한다.

예를 들어, 미식축구팀 코치가 '터치다운으로 점수를 내려고 하는데 이를 위한 최선의 플레이는 어떤 것인가?' 와 같은 질문을 한다고 가정해 보자. 이렇게 되면 답변하기가 매우 곤란해진다. 왜냐하면, 그것은 수비 위치, 남은 경기 시간, 상대 팀의 기술과 성향, 현재 날씨 조건, 부상당한 선수의 수, 팀의 컨디션 정도 등과 같은 특정 상황에 따라 달라진다는 것을 미식축구 코치나 선수들이라면 누구나 알고 있기 때문이다.

어떤 점에서 문제해결을 축구에 비유할 수 있는 것일까? 그 둘은 실제로 비슷한 점이 여러 가지로 많다. 어떤 사람에게 문제가 있을 때 그 문제에 대한 해결책은 하나만 존재하는 것이 아니다. 사람들이 유능한 문제해결자가 되도록 하는 데 있어서도 여러 가지 방법이 있다. 미식축구팀의 프로 코치 경우는 팀이 협동정신을 갖게 하려면 분위기를 어떻게 조성하면 되는지 그리고 상황을 분석하고, 문제를 정의하며, 창의적으로 생각하고, 선택에 따른 상황의 가능성 모두를 고려한다. 또한 경기를 계획하고 그것을 실행하는 방법을 알고 있을 뿐 아니라 원래 예상했던 성과가 얻어졌는지를 확인하기 위해 경기 시합 내용을 분석하고 평가하는 방법에 대해서도 알고 있는 것이다. 비록 코치들이 주어진 상황에서 선수가 무엇을 해야 하는지를 정확하게 말해 줄수는 없지만, 판단과정을 통해 선수들이 단계적으로 따라 하도록 하는 시범들을 종종 보여 준다. 여기서는 그러한 시범, 즉 사례들을 보여 준다는 의미에서 필자가 아는 사람 중에 효과적인 문제해결자로 거듭난 사람들에 대해 이야기하고자 한다. 그들이 어려운 삶의 문제에 적응과 대처를 더 잘하기 위해 새로 배운 문제해결 기술을 어떻게 사용했는지 개개인의 사례를 통해 알아보기로 한다. 이들이 행한 문제해결 이야기는 어려운 문제를 해결하기 위해 그들이 사용한 ADAPT 방식을 독자 스스로 따라 해 볼수 있도록 1인칭 관점에서 설명하고자 한다. 문제해결에 성공한 사람들이 주어진 상황에서 실제로 '무엇을 했는지'보다는 이 책에서 제안한 기술을 그들이 '어떻게 사용했는지'에 관해서 특히 주의를 기울이기 바란다.

문제 영역

필자는 문제해결 당사자였던 그들에게 우울, 불안, 분노 등의 증상을 일으키는 힘든 문제들을 실제 어떻게 헤쳐 나갔는지에 대해 설명해 달라고 부탁했다. 이 세 가지 정서는 종종 사람들이 상담 혹은 심리치료를 찾는 이유가 된다. 그러나 비록 삶의 문제와 상황들이 이러한 증상을 가져온다고 하더라도 숙련된 문제해결 접근을 취하는 것이 증상을 개선시키는 데 도움이 된다는 것은 이미 많은 연구들에서 증명되고 있다. 사례의 주인공들이 헤쳐 나간 문제들이 어떠한 상황이었는지를 설명하면서 한 사람한 사람에 대한 이야기들을 다음에 소개한다.

사례 1

캐서린의 문제: 외로움과 우울

많은 사람들이 빈번하게 보고하는 문제 중 하나는 혼자 되는 것에 대한 두려움이다. 인생에서 위기감을 느끼거나 특정한 사건을 겪는 것을 계기로 해서 외롭고 우울하다는 느낌이 종종 크게 촉발된다. 오랫동안 지속해 온 관계가 끝난다거나, 새로운 곳으로 이사하는 것, 나이가 드는 것, 성장한 자녀들이 집을 떠나는 것, 실직 혹은 다른 사람들로부터 고립되게 만드는 질병이나 장애와 같은 것들이 이러한 경우에 해당된다. 이들 상황이 모두 다른 특성을 갖기는 하지만, 외로움이란 우리가 자주 느끼는 문제 상황의 하나이므로 새로운 문제해결 기술을 여기에 적용하여 연습해 보면 좋을 듯 싶다. 다음의 예에서 10년 전에 남편과 이혼 한 64세의 중년 여성 캐서린은 어려운 문제를 다룰 때의 경험과 그때의 문제해결 기술을 자신이 어떻게 행동으로 옮겼는지에 관해 설명한다. 다음은 그녀의 이야기다.

캐서린의 이야기

꽤 오랫동안 나는 매우 슬프고 축 처진 느낌을 갖고 있다. 특히 외로움이 너무 크다. 내가 살고 있는 집이 좋기는 하지만 때로는 너무 크고 공허한 느낌이 든다. 나는 무엇을 해야 할지 모르겠다. 아이들이 어렸을 때만 해도 내 생활에는 활력과 에너지가 넘치곤 했다. 아이들이 다른 지역으로 이사해야 했던 것은 나에게 너무 안 좋은 일이었다. 아이들이 그리웠다. 아이들이 떠나고 나니 나는 무엇을 해야 할지 몰랐다. 내 딸들 중 하나가 나에게 상담가를 찾아가 보라고 권유했다. 처음에는 딸이 미쳤다고 생각했다. 나는 단지 외로울 뿐이지 '정신이 나간 것'은 아니기 때문이다. 그러나 딸은 나에게 더 잘 대처할 수 있는 기술을 가르쳐 줄 누군가를 찾아보라고 말해 주었다. 딸은 사회사업가였기 때문에 집과 가까운 곳에 있는 사람을 알아봐 주었다. 치료자의 사무실에 가는 것이 두려웠지만 그는 마치 요리학원이나 미술 학원에서처럼 일련의 계획을 내가 실행하기 쉽게 '문제해결 기술'을 가르쳐 주는 것뿐이라고 내게 설명해 주었다. 치료자는 누구보다도 좋은 선생님이 돼 주었다. 이러한 접근 방식으로 인해 나는 이전보다 기분이 한결 좋아졌다.

긍정적인 문제해결 태도 수용하기

처음에 나는 긍정적인 문제해결 태도를 취해야 한다는 것을 배웠다. 이를 통해서 '외로움'과 '슬픔'은 사실 '사람들이 흔히 경험하는 그런 것'이라고 스스로에게 말할 수 있게 되었다. 외로움에는 우울과 고통이 늘 뒤따르기 마련이므로 외로움 자체가 무엇인가 잘못된 것이라거나 이렇게 느끼는 사람은 나밖에 없다는 것을 의미하지 않음을 알게 되었다. 나는 외로움에서 벗어나려면 현실적으로 무엇인가를 해야겠다고 결심했다. 그러나 그렇게 하려면 많은 시간과 노력이 필요할 것이다. 또한 나의 외로움을 완전히 없애는 완벽한 해결책은 없지만 그것을 줄일 수 있다는 사실을 알게 되었다.

문제를 정의하고 현실적인 목표를 설정하기

우선 외로움을 가장 많이 느끼는 상황을 생각해 낸 후 이를 하나씩 기록하기 시작했다. 마치 신문기자처럼 '누가, 언제, 어디서, 무엇을, 어떻게, 왜' 라는 질문을 스스로 해 보았다. 이 작업을 통해 특히 주말에 가장 심하게 외로움과 슬픔을 느낀다는 것을 발견하였다. 나의 상황을 객관적인 시각에서 바라볼 때 가장 분명한 것은 자녀들이 이제 모두 성장해서 다른 지역으로 떠나갔다는 것이었다. 예전에는 보통 주말에 가족들과 함께 움직이곤 했다. 그런데 지금은 주말에 별다른 계획이 없고 자유로운 시간이 너무 많다. 나는 결국 다정하고 잘 따르던 한 자녀에게 전화를 해 보지만, 그 애 역시 자기 시간을 쏟아야 하는 일과 그의 가족이 있다는 것을 깨달았다. 전화 통화가 끝난 후에 나는 내가 쓸모없는 사람이 되었다는 생각을 하기 시작한다. 다음으로는 내 목표에 대해 생각했다. 비록 내가 가족과 함께 지냈던 예전의 시간으로 돌아갈 수 있기를 바라지만 그것이 불가능함을 인식했으며, 현재 나에게는 친구가 거의 없고 삶의 목적에 대한 감각도 매우 부족한 것이 사실이었다. 그래서 나는 두 달 안에 주말 시간을 함께 보낼 수 있는 새로운 사람들을 두 명쯤은 만들고야 말겠다는 식으로 현실적인 목표를 세워야 한다는 것을 알았다.

다음으로, 목표를 향해 나아가는 길을 가로막고 있는 것이 무엇인지를 나름대로 생각해 보았다. 이렇게 생각할 기회를 가짐으로써 나에게는 잘못될 수 있는 것들은 빠짐없이 모두 다 하나

하나 생각하려는 경향이 있다는 사실을 알게 되었다. 다시 말하면, 나는 '새로 만난 사람들이 마음에 안 들면 어떡하지?', 더 나쁘게는 '그들이 나를 좋아하지 않으면 어떡하지? 평생 주부로만 살아와서 딱히 내세울 만한 기술을 배운 적도 없는데 주말에 함께 시간을 보낼 사람을 과연 찾을 수 있을까?'와 같은 잡다한 생각들을 자주 한다는 것이다.

내 문제가 무엇인지 정의하고 파악한 이후부터 모든 것에 대해 내가 '과도하게' 걱정하는 경향이 강하다는 것을 알게 되었다. 내가 갖고 있는 불안감에도 불구하고 특히 필요 이상으로 상황에 대해 걱정을 하는 스타일인 나 자신에 대한 염려 새로운 대안을 실행하기 위한 두 번째 목표를 나열해 보았다. 예를 들어, 그동안 많은 사람들이 나와 잘 지내고 싶다고 말했고 나 또한 사람들을 사귀는 것을 좋아했다. 다른 사람이 나를 좋아하거나 내가 그들을 좋아할 확률은 결국 반반으로 비슷하게 볼 수 있으며 우리가 서로를 싫어할 확률 또한 반반으로 마찬가지일 것이다. 견디기 어려운 점은 삶에 대한 뚜렷한 목적을 스스로 갖지 못하고 지지부진하다는 사실인데, 이를 자책하면서도 내가 지금 왜 이런 식으로만 생각하고 있는지 자문했다. 그러자 퍼뜩 머리에 떠오르는 것이 있었는데, 그것은 바로 내가 자녀를 키울 때는 적어도 뚜렷한 목적이 있었다는 사실이었다. 삶의 목적을 찾는 데 있어서 어떤 일반적인 형태의 목적이라면 굳이 그것을 찾기 위해 애쓴다는 것이 무의미하겠지만, 삶의 목적을 위해 지금 당장 필요한 목표를 세우려고 애쓰는 것은 의미가 있는 것이다. 나의 문제를 더 잘 파악하기 위해 노력한다는 것이 나에게는 특별한 의미였는데, 왜냐하면 지금 필요한 목표를 세우는 것이 당장의 내 삶에서 매우 중요하다는 것을 깨달았기 때문이다.

 창의적인 방식으로 대안책 세우기

다음으로 나는 브레인스토밍 규칙에 따라 가능한 한 창의적으로 여러 가지 대안 아이디어들을 많이 생성했다. 특히 나는 매사에 걱정하는 경향이 있기 때문에 내가 생각해 낸 대안 아이디어가 좋거나 나쁜지를 구태여 미리 일일이 따지지 않으려고 주의했다. 주말 시간을 함께 보낼 수 있는 두 사람을 새로 구해 보겠다는 목표를 위해서 다음과 같은 아이디어들을 목록으로 정리했다.

  ＊ 양로원의 요리 강좌 혹은 외국어 강좌에 등록하기
  ＊ 헬스클럽에 가입하기
  ＊ 교회에서 자원봉사하기
  ＊ 동물 보호소에서 자원봉사하기
  ＊ 지역 성가대에 참여하기
  ＊ 은퇴자들을 위한 지지 집단에 참여하기
  ＊ 신문에 광고 싣기

＊ 인터넷 집단 토론에 참여하기
＊ 미국 은퇴자협회와 같은 정치운동에 관련된 일하기

때때로 생각이 꽉 막힐 때는 내 역할 모델인 지미 카터Jimmy Carter 전 대통령을 떠올리고, 그러면 어떤 대안 아이디어를 생각해 낼까 하고 머릿속으로 그림을 그려 보았다.

🕐 결과를 예측하고 해결 계획 수립하기

그런 다음 나는 다음과 같은 기준에 따라 각 대안 아이디어가 좋거나 나쁜지를 평가했다. 그 기준이란 내가 실제로 그것을 실행에 옮길 수 있는 가능성, 주말 활동을 함께할 사람들을 내가 좋아할 가능성 혹은 그들이 나를 좋아할 가능성, 필요한 비용내가 쓸 수 있는 돈이 별로 없다. 그리고 전체적으로 실행을 하기에 큰 어려움은 없는지와 같은 것들이다. 나는 도시에 살았기 때문에 굳이 먼 곳까지 움직여야 하는 것은 피했다. 모든 대안 아이디어들을 이렇게 하나하나 평가한 후에, 긍정적인 점수가 가장 크고 부정적인 점수가 가장 적은 것을 고른 것이 교회에서 자원봉사하는 일이었다.

내가 하는 자원봉사란 것은 화요일 오후마다 교회의 무료 급식소에서 음식을 만드는 일이었다. 이 교회는 근처에 있는 다른 교회와 함께 집이 없는 사람들에게 식사를 제공하고 있다. 이 교회에 다니게 된 것은 새로운 사람들을 만나는 기회가 되었다.

해결 계획의 실행과 성과 평가하기

내가 이 해결책을 선택한 가장 큰 이유는 비용이 별로 들지 않는다는 점과 실행에 옮기기가 다소 쉽다는 점 때문이었다. 나는 화요일 오후 시간대의 봉사 활동에 등록했고, 소매를 걷어붙이고 요리를 준비했다. 나는 요리사로서의 기술은 어느 정도 가지고 있어서 이 활동은 스스로 만족감을 느끼는 데 보탬이 되었다.

봉사 일로 교회에 세 번쯤 나갔을 때 다른 교회에 소속된 한 여성을 알게 되었는데, 그녀 역시 나처럼 맛있는 음식과 와인을 좋아했다. 그래서 그녀와 나는 주말에 우리만을 위한 멋진 저녁 식사와 영화 감상을 하기로 약속했다. 우리는 예정대로 주말에 만나서 두 교회에 다니는 독신 중년 여성들을 위해 '영화와 저녁식사' 모임을 만드는 것이 가능한지를 토론하면서 즐거운 시간을 보냈다. 돌이켜 생각해 보면 내가 그동안 삶의 목적을 가지지 못했다는 단지 그 이유 하나 때문에 스스로를 외롭고 슬프며 걱정하는 사람으로 만드느라 얼마나 많은 에너지를 낭비했는가? 정말 놀라운 일이 아닐 수 없었다. 그러한 사실을 깨닫고 난 이후에는 계속해서 새로운 사람들을 만나고 매일 매 순간마다 목적 있는 삶을 살게 되었다. 이제 나는 인생의 목적이 덜 행복한 사람들을 돕고, 맛있는 음식을 만들고, 요즘 만나고 있는 여성들에게 좋은 친구가 되어 주는 것이라고 말할 수 있다. 모든 일이 다 완벽하게 되지는 않겠지만 이렇게 사는 것이 어느 정도는 나에게 더 좋은 인생을 가져다줄 것이다. 그 정도면 충분하지 않은가?

사례 2

짐의 문제: 건강한 행동 습관을 갖도록 노력하기

　현재보다 더욱 건강한 생활 습관이 필요한 사람들은 자신의 행동을 변화시키려는 목적에서 도움을 받기 위해 상담가를 찾는다. 그들의 관심사 중 어떤 것은 단지 군살을 뺀다거나 혹은 자신감이나 자부심을 갖기 위한 미용 문제일 때도 있다. 그러나 이와 달리 건강이나 직·간접적인 의학적 측면에서 문제가 있어서 의사가 행동 습관을 바꾸어야만 한다고 지시하는 경우도 있을 것이다. 예를 들어, 의학적인 측면에서 볼 때 당뇨병, 고혈압, 다양한 알레르기 질환 그리고 병적 비만과 같은 질환들을 더 잘 관리하도록 하기 위하여 의사는 종종 환자에게 식이 조절과 운동 처방을 내리게 된다. 또한 의사들은 점차 분노, 불안, 우울과 같은 정서적인 문제가 환자의 신체 상태를 의학적으로 더 악화시키는 문제에 대해서도 관심을 갖게 되었다. 많은 환자들에 의하면 약물에 의존하지 않고 만성 통증을 줄이거나 불면증에 잘 대처하는 것뿐 아니라, 일상생활에서 스트레스를 더 잘 관리하기 위한 방법에 대해 무엇인가를 배우려면 상담가를 찾아가 볼 것을 의사들이 권고한다고 말한다. 그러나 행동의학 전문가들이 행동 변화와 관련된 문제를 다루는 기법으로서 제시하는 행동 변화 전략의 내용을 살펴보면 좋은 결과를 얻기 위해 환자들은 자신이 하고자 하는 것에 대한 동기부여가 충분히 되어 있어야 하고 또한 스스로 그것에 몰입될 필요가 있다고 한다. 다음의 사례에서 짐은 제2형 당뇨병을 앓고 있으며 콜레스테롤 수치가 높다는 진단을 받았다. 이 사례에서 짐이 식이 조절과 운동 처방을 따르기 위해 문제해결 기술을 어떻게 사용했는지를 살펴보자.

짐의 이야기

당뇨병이 있다는 것을 처음 알았을 때, 나는 인생이 송두리째 무너지는 듯한 느낌이었다. 나는 파스타를 먹고 와인을 마시는 이탈리아의 대가족에서 자랐으며 집에서 만든 디저트는 가족들이 모두 좋아해서 함께 음식을 먹는 시간이 즐거웠다. 나는 꽤 강인한 남자였음에도 불구하고 홀로 된 기분이 들었고 두려움을 느꼈다. 당뇨병이 치료되지 못하고 지속된다면 심장과 시력, 혈액 순환에 나타나는 증상이나 여러 가지 잠재적인 문제들이 생기게 될 텐데 나는 그와 같은 상황을 도저히 받아들일 수 없었다. 가장 친한 친구 중 한 명이 간호사였는데, 그녀가 문제해결에 관한 안내서인 이 책을 나에게 건네준 것을 계기로 생활 방식을 바꾸는 데 문제해결 기술을 사용하는 방법을 배우게 되었다.

긍정적인 문제해결 태도 수용하기

문제해결 태도에 대한 평가를 스스로 해 보았는데, 이때 나온 점수 결과에 나는 매우 놀랐다. 나는 스스로를 유능한 문제해결자라고 늘 생각해 왔다. 나는 건축 일을 하는 사람이다. 건축 일은 특성상 예기치 않은 일에 대해 늘 준비하고 그 일을 처리하는 방법에 대해 창조적으로 생각할 수 있어야 하는데, 그렇지 못하면 큰 곤경에 처하게 된다. 내게는 창의적이라는 장점이 있기는 하지만 이번 검사를 통해 내가 얼마나 냉소적이고 비관적인지를 깨달았다. 건설 현장에서의 일이라면 자신이 있으나 다른 종류의 문제들은 감당하기가 너무 힘들고 답이 없는 것으로 보는 경향이 있어서 종종 아무것도 하지 않거나 상황을 피해 버리곤 했다. '부정적 문제해결 태도'의 점수가 높게 나왔다고 아내에게 말했을 때 아내는 내가 '완벽주의자'이기 때문에 그럴 것이라고 말했다. 일을 할 때 나는 보통 완벽에 가까운 해결책을 찾아낼 수 있지만

'올바른 처리를 위한 올바른 방법'을 찾는 것 일이 아닌 다른 문제에 대해서 내가 무엇인가를 처리할 수 없는 상황에 처하게 되면 대부분 '그 문제로부터 도망가고 포기' 하는 반응을 나타낸다는 것이다. 내가 이러하다는 것을 알게 되어 힘들었지만, 일 이외의 문제들을 더 잘 해결하려면 완벽주의적인 성향에서 벗어나야 하고, 인생의 문제들이 건축 일처럼 모두 간결하고 정리가 잘되는 것만은 아니라는 사실을 받아들여야 했다.

⏰ 문제를 정의하고 현실적인 목표를 설정하기

나는 규칙적으로 운동하고 식이 조절을 통하여 당분과 탄수화물의 양을 줄임으로써 높은 혈당 수준을 낮추는 것이 중요하다는 것을 알았다. 처음에는 잘 해냈다. 진단을 받은 직후에 식이 조절에 대해 교육을 받았고, 의사가 처방한 약을 먹기 시작했으며, 근처 헬스클럽에 회원으로 등록했다. 나의 혈중 포도당 수준은 정상 범위에 가깝게 떨어졌다. 그러나 체중을 감량하고 혈중 포도당 수치를 낮추는 데는 어느 정도 성공을 거두었지만, 시간이 조금 흐른 뒤에는 시간이 없다는 이유로 헬스클럽에도 잘 가지 않고 일이 바쁠 때는 패스트푸드로 식사를 간단히 해결하곤 했다. 그러자 포도당 수치는 예측 불가능해졌고 문제를 올바르게 처리하지 못했다는 생각에 스스로 실패자가 된 듯한 느낌이 들었다. 그리고 보니 내가 일을 완벽하게 처리하지 못하면 그 자체를 포기하고 싶어 한다는 아내의 말은 정말 옳은 셈이었다!

그 이후 나는 내 태도를 더 현실적으로 조정하기 위해 매우 열심히 노력했다. 이러한 생각들로 인해 내 자신을 더욱더 이해하게 되었고, 이제는 나와 유사한 상황에 처해 있는 친구들에게 내가 겪은 일들을 말해 주고 싶다. 내 자신에 대한 조언을 스스로 받아들이는 법을 배워야만 했다. 내가 이루어야 하는 목표는 무엇인지 그리고 목표를 이루는 데 방해가 되는 장애 요소는 무엇인지를 다음과 같이 정의해 보았다.

🔑 목 표
 * 목표 달성에 대한 굳은 의지 갖기
 * 탄수화물과 당분이 낮은 음식으로 식이 조절을 지속하기
 * 매일 적어도 30분씩 운동하기

👤 장애물
 * 아침에 집을 나설 때 바쁘다 보니 아침 식사로 무엇을 먹어야 할지 생각하기가 귀찮아서 종종 식사를 거르게 된다.
 * 업무 시간의 스케줄이 맞지 않아서 헬스클럽에 가기가 어렵다.
 * 좋아하는 텔레비전 프로그램을 기다리게 된다.
 * 이른 저녁 시간에는 세 살짜리 딸에게 책을 읽어 주는 것을 좋아하는데, 이 시간이 지나고 나면 몸이 피곤해져서 더 이상 밖에 나가기가 싫어진다.

창의적인 방식으로 대안책 세우기

　문제를 어떻게 해결하면 좋을지에 대한 아이디어를 만들어내라고 하면 이것은 내가 소질이 있는 부분이다. 모든 목표를 단번에 달성하려고 욕심을 낸다면 실패하고 만다는 것을 알았다. 그런 식으로 욕심을 낸다면 내가 갖고 있는 나쁜 습성 때문에 모든 일이 불리하게 처리되는 본보기가 될 것이다. 그래서 나는 목표를 식이 조절 목표와 운동 목표로 나누었다. 먼저 식이 조절 목표를 달성하기로 결정했다. 나는 종종 아침밥을 먹지 못하는데, 그 이유는 회사까지 가는 데 30분이나 걸려서 집을 일찍 나서야 하므로 식사를 준비할 시간이 없기 때문이다. 그래서 이를 위한 전략적이고 전술적인 방안으로 내가 만들어 낸 창의적인 아이디어들은 다음과 같다.

＊ 전날 밤에 미리 아침식사를 준비하기
＊ 반조리식품 사기
＊ 회사 가는 길에 있는 간이식당에서 아침 먹기
＊ 식사 준비에 대해 영양사에게 도움을 부탁하기
＊ 인터넷으로 당뇨병 지원 상담 사이트를 검색하여 조언과 제
　 안을 받기
＊ 아내가 장을 보러 갈 때 저탄수화물, 저당분의 다양한 재료
　 를 많이 선택하고 내가 어떤 것을 좋아하는지 더 잘 알 수
　 있도록 견본을 집으로 가져와 달라고 부탁하기

결과를 예측하고 해결 계획 수립하기

　이러한 대안 아이디어 중 어느 것이 좋은지를 가려내기 위해 각각의 대안의 장점과 단점을 검토하여 각 아이디어에 더하기, 빼기 표시를 했다. 많은 아이디어에서 긍정적인 결과가 의외로 적게 나왔다 대부분의 아침 식사 대용 시리얼에는 설탕이 많이 들어 있는데, 사실 나는 설탕이 들어 있지 않은 것은 맛이 별로 없다. 몇몇 대안들은 비용이 많이 들거나 반조리식품 시간과 돈을 고려했을 때 손실이 컸다 전문적인 영양사에게 자문을 구하는 것. 어떤 아이디어는 나의 건강에 위험을 주는 것이었다 예: 식이 조절을 게을리하는 것, 내가 먹고 싶은 음식을 먹는 것, 의사에게 더 많은 용량의 약을 처방해 달라고 하는 것 등. 가장 높은 점수를 얻은 두 가지 대안은 '아내에게 부탁해서 내게 적당한 음식을 찾는 것'과 '출근길에 먹을 음식을 매주 초에 준비해 두는 것'이었다. 두 가지 대안이 적절하게 조합되었을 때 가장 많은 긍정적인 결과와 가장 적은 부정적인 결과를 가져올 것 같았다. 내가 좋아하는 음식은 저탄수화물의 시리얼, 블루베리 그리고 땅콩이었다.

 해결 계획의 실행과 성과 평가하기

　나와 아내는 일요일에 땅콩과 블루베리를 섞어서 불룩한 모양새로 시리얼 덩어리를 만들었다. 나는 매일 출근길에 물 한 병과 함께 그 시리얼을 먹었다.

　나는 이제 점심시간이 되어도 배가 덜 고팠고, 그래서인지 예전처럼 점심을 허겁지겁 먹는 버릇에서 벗어났다는 사실을 깨닫게 되었다. 실제로 나는 나만의 특별한 시리얼 믹스를 좋아했고, 통근 시간 '길 위에서의' 아침 식사가 기다려지기도 했다. 이렇게 되니까 무엇보다도 포도당 관리가 잘되고 문제가 생기는 부분을 성공적으로 다룰 수 있는 방법이 있다는 사실을 알게 되었다. 나는 운동을 실천하는 문제에도 이와 같은 원리를 적용했다. 그래서 최종 결과는 어떻게 되었을까? 저녁을 먹기 전에 딸과 함께 짐보리Gymboree라는 운동을 했는데, 매일매일 운동량이 많아지고 딸과의 유대 관계도 돈독해지는 시간을 갖게 된 것이다.

Third
사례 3

태드의 문제: 상실에 대처하기

인생에서 변화란 있기 마련이라는 사실에는 대부분 수긍하지만 특히 상실감에 젖게 되는 변화가 닥쳐오면 사람들은 이에 대처하기가 매우 어려워진다. 상실은 사랑하는 사람의 죽음, 이혼으로 인한 계획과 꿈의 상실, 심지어 지리적인 이동으로 인해 이웃과 친숙한 환경을 상실하는 것도 포함한다. 상실에는 행복한

변화의 부분 예: 자녀가 대학에 입학하게 되어 부모가 기뻐하는 것과 슬픈 변화의 부분 예: 자녀가 멀리 있는 대학에 입학하여 집을 떠나게 되면 집안은 '빈둥지'처럼 되어 상실감을 겪게 됨이 동시에 내포되곤 한다. 또 다른 예로 교통사고나 질병으로 신체 기능의 일부가 손상된다 해도 수술이 성공적이고 전문적인 치료를 받게 된다면 어느 정도 안정감을 느낄 수 있게 된다. 직장에서 은퇴하게 되면 새로운 활동과 여행에 대해 보다 많은 기회를 갖게 되기도 하지만 권력, 소득, 개인적 정체성은 상실된다. 상실을 경험하느냐 경험하지 않느냐 하는 문제는 종종 우리가 어떻게 할 수 있는 일이 아니라 그냥 그렇게 닥쳐오는 것이다. 문제해결 기술을 상실의 문제에 적용할 때는 상실로 인해 잃어버린 것 중 절대 되찾을 수 없는 변화는 어떤 것이고 반면에 노력한다면 상황이 더 좋아질 수 있는 것은 어떤 부분인지를 정확하게 구분하여 파악하는 것부터 대개 시작해야 한다는 것이 다음의 예에서도 강조되고 있다.

태드Tad는 골수암 무릎에 걸린 26세의 남성이다. 진단받을 당시에 그는 일 년 정도 회계 법인에서 일해 오고 있었다. 일에 대한 능력에서는 매우 좋은 평가를 받고 있었으므로 상사는 6개월 안에 승진 가능성이 있다는 것을 그에게 귀띔해 주었다. 그러나 암 치료를 받느라고 한동안 신체적·사회적·직업적 기능이 크게 제한될 수밖에 없었다. 태드는 다리를 잃은 것에 대해 매우 괴로워했고 이로 인한 주된 걱정은 직업상의 진로에 집중된 것이었다. 실제로 태드가 심리치료를 처음 받으러 온 이유를 말할 때도 "수술 후 현재 회복 중인 상태이고 추가로 화학치료를 받고 있어서 일주일에 3일만 반일 근무를 하고 있는 상황인데도, 사장님은 정상근무할 때만큼의 일을 해 주었으면 하고 바라는 것 같다."라고 설명했다. 태드는 자신이 왜 그렇게 짐작했는지를 설명하기 위해 사장이 그에게 보낸 메모의 내용을 보여 주었는데, 현재 태드가 맡고 있는 일에 관한 상황을 사장에게 보고하라는 것이었다. 다음은 태드의 문제해결에 관한 이야기다.

태드의 이야기

나는 솔직해지고자 한다. 문제해결을 위한 자기평가를 하고 있는 내 자신이 처음에는 어리석어 보였다. 나는 '암에 걸리지 않았다면 나에게는 아무 문제가 없었을 텐데…….' 라고 생각했다. 암 치료를 받는 이 같은 상황에서 어떻게 '훌륭한 문제해결자' 가 될 수 있겠는가? 검사 후 내가 답한 내용을 살펴보니, 문제를 정의하고, 그 문제를 해결하는 방법에 대해 생각하는 것은 꽤 잘했지만 긍정적인 문제해결 태도는 별로 없다는 것을 알았다. 이 결과는 별로 놀라운 것이 아니었지만, 직장을 잃는 것을 걱정하느라 쓸데없이 시간을 소모하기보다는 장래의 상황에 대해 좀 더 긍정적이고 낙관적인 자세를 취한다면 직장생활을 유지하는 방법에 대해서 더 많이 생각할 수 있다는 사실을 깨닫게 되었다. 또한 사장님이 내게 업무 상황을 보고하라고 하는 이유도 내 마음대로 추측하고 있는 부분이 많다는 것을 알게 되었다. 나를 해고하는 데 필요한 정보를 얻으려고 사장님이 업무 보고를 시키는 것이라 여겼지만 실제 그러한 증거가 확실히 있는 것도 아니었다.

🕐 긍정적인 문제해결 태도 수용하기

'건강하게 생각하기 규칙' 몇 가지를 냉장고에 붙여 놓기로 했다. 특히 '상황을 긍정적으로 생각하면 그것에 대처하는 선택도 긍정적으로 되지만, 부정적인 시각은 부정적인 선택으로 이어지기 십상이다.'라는 말을 좋아했다. 상실로 인해 어려움을 겪고 있는 부분과 인생에서 경험한 기쁘고 긍정적인 부분들도 함께 목록으로 만들어 보았다. 나는 수술을 성공적으로 마쳤으며, 대학 때부터 알고 지내던 친한 친구들_{포커 친구들}이 암 투병 기간 동안 많이 도와주고 있다. 또 나에게는 정말 멋진 가족이 있다. 부모님이 이혼을 했기 때문에 아버지에 대해서는 잘 알지 못하지만 어머니는 너무나 좋은 분으로 나에게 늘 잘해 주신다. 나는 여전히 직업을 가지고 있고_{비록 승진의 기회는 날렸다고 생각하지만} 회복할 시간을 가질 수 있다는 이점도 있다.

문제를 정의하고 현실적인 목표를 설정하기

　나의 문제 상황을 정리해 보았다. 일하는 시간을 줄일 필요는 있지만 부담되는 것은 6개월 안에 승진하고 싶으면 예전의 정상 근무와 마찬가지로 일해 주기를 바라는 것이 사장님의 생각이라는 것이다. 선입견을 갖고 나름대로 상상한 추측의 내용 중에서 실제 사실 부분을 분리하라는 문제해결의 충고에 따라서 나는 사장님이 원하는 기대가 무엇인지 그리고 암 투병이 승진 기회에 어떤 영향을 주는지에 대해 사장님과 이야기를 나누었다.사장님과 만나기 전에 미리 친구와 함께 시연을 했다. 그 결과 사장님이 내가 정상근무를 하기를 기대한 것은 아니라는 사실을 알게 되었으며, 승진은 6개월 후에라도 내가 준비가 되어서 정상근무를 할 수 있게 되었을 때 다시 고려할 수 있다는 말을 듣고 놀라지 않을 수 없었다. 사장님은 내가 회복과정에 있는 동안 그 일을 다른 사람에게 할당할 필요가 있고 그것이 각 고객의 사정을 아는 데 도움이 된다고 판단했기 때문에 상황 보고를 하라고 한 것이었다. 이 시점에서 빨리 몸을 회복하기 위해 문제해결 기법에 따라 더 주의 깊게 계획을 세우게 되면서부터 문제에 대한 정의 자체도 달라졌다. 혼자 생활한 이후로 이제는 어떤 형태의 계획을 세우게 되었고, 문제해결 노력을 통해서 실제적으로 도움이 되는 방법이 무엇인가에 초점을 맞추고 있다. 예를 들면, 암 치료 약속 날짜를 잡는 데 도움될 방법이라든가, 건강식품을 구입하는 데 도움이 되는 방법 그리고 지역 암센터의 건강치료센터에서 행하는

절단 수술을 받은 사람들을 위한 특별 요가 강좌에 참가하려면 어떤 방법이 좋겠는가와 같은 것들이다.

창의적인 방식으로 대안책 세우기

나는 도움이 필요한 세 가지 주요 활동에 대해 목록을 만든 후 브레인스토밍을 통해 내게 도움을 줄 수 있는 사람들이면 누구든 적어 보기로 했다. 우선 친구들과 어머니를 목록에 넣고 나니 다음에는 꽉 막혀 버려서 적어 나가기가 어려웠다. 목록에 포함시킬 만한 사람들에서 생각이 막히자 문제해결 상담가가 가르쳐 준 '막히지 않고 생각이 잘 떠오르게 하는' 방식이 떠올랐다. 나는 친구들에게 포커 게임을 하는 동안 목록에 추가로 이름을 적을 수 있게 도와 달라고 부탁했다 추천하는 사람이 적당한지의 여부를 미리 판단하지 말라는 브레인스토밍 원칙에 따라서 우선 가능한 사람 모두를 떠올려 보라고 친구들에게 말했다. 그리고 가장 많은 사람을 목록에 추가시키는 사람에게 저녁을 사겠다고 말했다. 친구 다섯 명과 어머니에 이어서 여러 사람들이 목록에 추가되었는데, 그중에는 어머니가 자원봉사하고 있는 유대인 지역사회센터의 사람들, 나와 함께 일하는 사람들, 로터리클럽 내 고객 한 명이 로터리클럽의 장기 멤버였다. 신문 광고업자 한 명, 내가 다니는 병원에서 만난 한 사람, 요가 강좌를 함께 듣는 몇몇 사람들이 포함되었다.

결과를 예측하고 해결 계획 수립하기

　암 수술 후 회복과정에 있는 나의 도우미로서 누구를 선택하느냐를 정하기 위해 후보자들 각각의 장단점을 간단히 비교해 보았다. 나 자신의 사고방식에 초점을 맞춰서 사람을 선택하는 기준을 정했는데, 즉 함께 있으면 마음이 편하고 부담이 안 되는 사람을 선택한다든가 내가 고맙다고 말하기 편한 사람이면 좋겠다는 것 등이다. 나를 위해 기꺼이 소매를 걷어붙이고 병원 약속 정하기, 건강식품 구매하기, 요가 강좌 참석하기 등을 열심히 도와줄 20명의 사람들을 최종 선택 목록에서 고를 수 있었다.

 해결 계획의 실행과 성과 평가하기

　이 과정에서 회계사로 일한 덕을 좀 보기도 했는데, 그것은 브레인스토밍 단계에서 만든이후에 의사 결정과정을 통해 평가된 최종 명단 목록에 포함된 사람들을 서로 조직화하는 데 어느 정도의 회계관리 기술을 써먹을 수 있었기 때문이다. 매일 무슨 일이 일어났는지 그리고 누가 나를 도와주었는지를 빠짐없이 기록하기 위해 큰 달력을 만들었다. 이들과는 이메일로 연락을 주고받았으며 매일 저녁, 다음 날에 필요한 약속을 스스로 확인했다.

　실제로 필요한 도움을 사람들로부터 추가로 받을 수 있게 되니 수술 후의 회복과정이 한층 좋아졌다. 예상치 못한 소득은 새로운 친구들을 얻은 것인데, 그들과는 지금까지도 가깝게 지내고 있다. 처음에 나는 다리를 잃은 것에 대한 절망감으로 가득 차 있었고 이것 때문에 진급 기회가 '박탈된' 것으로 여겼으나 이것은 지나친 확대 해석이었다. 나는 다리를 잃은 것 때문에 사실 진급이 조금 연기되었을 뿐이었고 박탈된 것이 아니라 이를 계기로 친구들이 나에게 얼마나 소중한지를 부수적으로 알게 되었다.

Fourth
사례 4

메리의 문제: 그녀를 화나게 하는 사람들에 대한 분노

사람들이 심리치료를 받고자 하는 가장 흔한 문제 중 하나는 다른 사람들과의 관계를 어떻게 관리하면 좋을지에 대해 도움을 받기 위해서다. 여기에는 배우자나 동료가 자신에게 무관심하다거나, 부모가 간섭이 너무 심하고 죄책감을 유발한다거나 혹은 친구가 자신에게 상처를 주고 괴롭히고 적대적인 경우 등이 포함된다. 자신을 화나게 만드는 대인관계 상황에 처할 때 종종 우리는 어떻게 반응해야 할지 몰라 통제가 되지 않거나 제대로 대응하지 못할 것 같아서 감정적인 동요를 일으키게 된다. 어떤 환자는 설명하기 어려운 대인관계 상황에 처하면 '밤에 운전하던

중 헤드라이트 앞에 갑자기 사슴이 나타나는 상황처럼 깜짝 놀라 어찌해야 할지 모르는' 느낌이 든다고 한다. 이것은 매우 적절한 비유다. 우리는 종종 놀라고, 몸이 꽁꽁 얼어붙은 것처럼 굳고, 정서적으로 _{신체적인 것은 없다고} 해도 상당한 상처를 입을 것 같은 위험을 느낀다.

메리Mary는 자신을 '평생 부모님이 시키는 대로 하는' 존재라고 말하는 48세의 중년 여성이다. 70대인 부모님은 메리와 그녀의 남동생인 잭을 늘 가까이에 두고자 했다. 메리는 전남편으로부터 학대받은 문제성 있는 관계를 경험한 적이 있었다. 부모님이 늘 자신에게 '피는 물보다 진하다.'는 것을 강조한다고 했으며 20년 전에 메리가 자신을 학대하는 남편과 이혼했을 때도 그 철학은 강조되었다고 말했다. 최근에 메리는 자신과 공통점이 많은 남자를 만났는데, 그는 신체적 학대에 대해서 이해하고 있었으며 그 자신이 희생자로서의 경험이 있는 사람이었다. 오래전 치료를 통해서 그가 알게 된 것이 있는데, 자신이 자신감 없는 사람이 된 이유는 우울하고 폭력적인 아버지로부터 학대받은 경험 때문이었으며, 그로 인해 살아가면서 생기는 다양한 스트레스와 제약들에 대한 대처를 제대로 배우지 못했다는 사실이었다. 그와 메리가 사귄 후 결혼을 하고 나서도 그녀의 부모님은 시간과 노력은 물론 마음 씀씀이에서도 자신들을 위해 모든 것을 헌신하지 않는다며 메리를 엄청나게 비난하여 그녀는 다시 한 번 놀라고 상처받았다. 그녀의 부모는 번번이 메리가 자신들과 그녀의 새 남편 사이에서 어느 한쪽을 선택하게끔 하는 상황을 만들곤 했다_{예: 그녀의 어머니는 "우리가 진료를 받기 위해서 네가 필요한데, 너는 어떻게 네 남편, 친구들과 외출할 수가 있니?"라고 말했다}. 또한 메리의 남동생도 염려하는 얼굴로 그녀를 비난했다. 그는 그렇게 되면 이제는 부모가 자기를 불러서 도움을 요청할 것이라고 걱정했다. 메리와 그녀의 새 남편인 프랭크는 곧 다투기 시작했다. 메리의 보호막 역할을 하는 프랭크Frank는 메리의 부모에게 불만을 표현했고, 그들의 결혼 생활을 위해서는 그녀가 달리 대응할 필요가 있다고 말했다. 메리는 갈등, 걱정, 자기 회의에 사로잡혀서 메리는 비록 자신의 바람이나 행복을 희생하더라도 어떻게든 부모와의 분쟁이 일어나지 않도록 그녀가 하는 대로 내버려 두었으면 하고 프랭크의 양보를 바랐다. 메리와 프랭크는 이 상황에서 얻을 수 있는 도움이 있을까 하는 마음에서 치료를 받으러 왔다. 이 경우에 문제해결 기술을 적용하기가 가장 어려웠던 부분은 메리가 자기 인생에서 긍정적인 변화를 이끌어 낼 수 있다는 믿음, 즉 현실적인 문제 수용 태도를 받아들이도록 하는 것이었다. 다음은 메리의 이야기다.

메리의 이야기

　내 문제에 대한 답을 얻기 위해 나름대로 관련 서적들을 많이 읽었고 닥터 필Dr. Phil, 오프라Oprah와 같은 쇼 프로그램도 시청했지만 계속해서 나는 같은 문제를 겪고 있었다. 어느 날 나는 의식을 잃고 쓰러졌다. 남편이 나를 응급실에 데려갔을 때 의사는 많은 검사를 행한 후 나를 신경과 의사에게 의뢰했다. 의사는 내가 기절한 것에 대해 최종적으로 아무런 의학적 설명도 해 줄 수 없다고 말했는데, 그것이 스트레스에 의한 것일 수 있다고 했다. 그때 내가 도움이 필요하다는 것을 깨달았다. 치료자는 나에게 문제해결 검사를 행한 후 그 결과에 대해 나와 토론했다. 치료자는 내가 일상생활 문제를 해결하는 능력에 대한 자신감이 없어서 늘 그것들을 회피하는데, 특히 가족과 겪고 있는 문제에 갇혀서 희망이 없다고 느끼는 경향이 강하다고 말했다.

긍정적인 문제해결 태도 수용하기

　나는 가족 문제를 다루는 데 있어 불안감이 있는 한편, 남편이 나의 신체 건강을 걱정했기 때문에 치료자에게 도움을 받기로 했다. 남편은 자신도 예전에 어떤 치료자로부터 도움을 받은 적이 있다면서 그때 치료자가 무엇에 대해 다른 방식으로 생각하는 법을 가르쳐 주었기 때문에 자학적인 습관을 버릴 수 있게 되었다고 했다. 치료자의 사무실로 향할 때의 마음은 떨리고 긴장되었는데, 왜냐하면 내 자신과 결혼 생활에 도움이 되려면 어떠한 변화든 지금 만들어 내야만 한다는 것을 알았기 때문이다.

🕐 문제를 정의하고 현실적인 목표를 설정하기

나의 문제는 꽤 명확했는데, 즉 내가 거부함에도 불구하고 부모님과 남동생이 죄책감 없이 일방적으로 나에게 요구하는 것을 더 이상 하지 못하도록 제한시키는 방법을 찾는 것이다. 물론 부모님을 사랑하고 도와주고 싶지만 내 일과 그리고 남편과 함께하는 계획 때문에 그럴 수 없을 때가 있다는 것을 말하고 싶었다. 문제해결에 장애가 되는 점은 부모님이 '내가 죄책감이 들도록 몰아세울 때' 스스로 무엇인가 잘못하고 있다는 공황 상태가 되는 것이었다. 이러한 느낌은 내가 상황을 매우 과장해서 인식하는 데서 비롯된다는 것을 알게 되었는데, 왜냐하면 부모님은 사실 재산도 있고 건강한 노인들이며 서로를 위해 주며 함께 살고 있어서 내가 죄책감을 갖는다거나 염려해 줄 상황도 아니었기 때문이다. 또 다른 큰 장애물은 가족들 외에는 어떤 누구도 믿어서는 안 된다고 배워 온 점인데, 실제 신체적으로 나를 학대했던 전남편 때문에 이 말이 진실이라고 여기기도 했다. 그러나 현재 결혼 생활에서는 사실과 달랐다. 프랭크는 나에게 많은 관심을 쏟고 있으며 내가 아는 그 누구보다도 나를 존중했다. 부모님과 남동생은 자신들의 뜻대로 되지 않으면 미숙한 방식으로 행동하며 화를 내고 짜증을 냈다. 나는 그들을 바꾸어 보려고 하면서도 동시에 그들을 항상 100% 충족시켜 주려고 했다. 그것은 불가능한 기대였다.

 ## 창의적인 방식으로 대안책 세우기

다음은 치료자의 도움으로 내가 생성한 대안책의 목록이다.

* 부모님과는 별개인 나의 결혼 생활과 개인적인 삶의 권리를 더 긍정적이고 합리적으로 생각하기 위해 이에 필요한 사고 기법을 치료자에게서 배워서 사용해 본다.
* 부모님에게는 내가 그들을 사랑하며 내가 할 수 있는 일은 하겠다고 말한다.
* 부모님이 변화하도록 설득해 본다.
* 부모님과 떨어져 살기 위해 근처 도시 혹은 아예 먼 곳로 이사를 한다.
* 프랭크와는 부모님과의 문제에 대해서 이야기하지 않기로 한다.
* 부모님에게 대응하는 방식을 바꾸기 위해 프랭크에게 도움을 요청한다.
* 연세 많은 부모님을 어떻게 대하면 좋은지에 대해 관심을 갖고 있는 모임에 참석해 본다.
* 부모님과 연관되는 문제를 크고 모호하게 다루기보다는 더 작은 문제들로 세분하고 매일매일의 고려 사항을 실제로

챙겨 본다.

 ## 결과를 예측하고 해결 계획 수립하기

앞의 여러 가지 대안 아이디어들을 살펴보니 마지막으로 작성한 항목은 정말로 정곡을 찌르는 것이었다. 부모님과 관련된 문제가 정말 크고 압도적인 것으로 느껴져 왔기 때문에, 우선 부모님과 한계를 설정하는 문제부터 내용을 보다 세분해서 작은 것부터 한 번에 하나씩 해결해 나가는 것이 중요하다는 사실을 알게 되었다. 이 대안 아이디어가 해결의 첫 단계라고 여겨졌으며 이후에는 다른 아이디어들도 이것에 결부시켜서 해결해 나갈 수 있을 것만 같았다. 다음 달에 어머니가 어느 이벤트 행사웨딩 샤워, 즉 결혼 전 신부의 친구들이 모여 여는 파티에 참석하려 하는데 내가 그 장소에 데려다 주기를 바랄 때 이 일이 우선 생각났다. 그날은 프랭크와 내가 친구들과 함께 노스캐롤라이나의 아우터 뱅크로 여행을 떠날 계획이 잡힌 날이었다. 어머니는 웨딩 샤워를 위해 나와 함께 북부로 여행하기를 원했지만 나는 남편과 친구와 함께 계획한 것을 지키고 싶었다. 다른 대안 아이디어들을 살펴본 후에 부모님은 자신들의 생각을 바꾸지 않을 것이라는 사실을 깨달았다. 나는 상황을 받아들이고 그들의 불공평한 요구에 대해 과도하게 죄책감을 갖거나 걱정을 하는 성향을 바꾸기 위해 애를 써야만 할 것이다. 이것을 알게 된 이후로 내가 갖고 있는 과도한 죄책감을 조금이라도 줄이려면 어떻게 하는 것이 좋을지 그리고 미래를 위해 이 상황을 연습해 보려면 어떻게 하면 좋을지에 초점을 맞추어 문제를 되돌아보고 다시 문제를 정의하게 되었다. 프랭크에게는 부모님 앞에서 침착하게 가만히 있어 달라고 부탁하고 그가 우리 부모님에게 화내기 시작했을 때 나는 기분이 더 안 좋아진다. 부모님에게 내 주장을 펼치는 연습을 하도록 도와 달라고 했으며, 그 외에 몇몇 대안 아이디어들을 더 생각해 냈다. 또한 치료자와 함께 자기 진술 문장을 활용하는 방법을 연습했는데, 이것은 내가 죄책감이 느껴지려고 할 때마다 스스로에게 혼잣말로 다짐하기 위한 것이다. 이러한 진술문들은 사실에 근거한 것들이어서 내가 오랜 세월 세뇌당해 왔던 죄책감과 불공평한 자기 비난에 맞서 싸우는 데 도움이 되었다.

해결 계획의 실행과 성과 평가하기

나는 부모님을 사랑하지만 그들이 원하는 것을 모두 해 줄 수 없을 때도 있다는 것을 직접 부모님에게 말했다. 딸에게 그렇게 수시로 요구하면 안 된다고 말하면서도 부모님에게 다그치지 않도록 조심했는데, 왜냐하면 그러한 주장은 늘 다툼으로 이어지기 마련이어서 결국 나의 말과 판단이 부모로서는 전혀 달갑지 않다는 사실을 늘 인정해야 했기 때문이다. 프랭크에게 함께 연습해 달라고 부탁을 했는데, 부모님이 나를 대하는 방식, 즉 '내가 죄책감이 들게 하려면 어떻게 몰아세우면 되는지'

에 대한 방법을 남편이 파악하고 있었으므로 도움이 되었다. 부모님이 나를 몰아세울 때 '당황하지 않기 위한 묘수'로서 치료자와 함께 준비했던 다양한 자기 진술문을 혼잣말로 하는 연습을 했다. 나는 나 대신 누군가가 어머니를 웨딩 샤워에 데려다 줄 수 있을지에 대해서도 생각해 보았다. 내 의견을 어머니에게 말하자, 그녀는 몇 분간 불평을 한 후에 자신의 사촌에게 전화하는 데 동의했다.

처음에는 매우 불편했지만, 부모님이 나를 휘두르려고 얼마나 교묘하게 해 왔는지가 보이기 시작하면서부터, 내가 좀 더 현실적으로 생각하지 않고 늘 스스로를 희생함으로써 실제로는 결국 내가 그러한 상황이 되도록 문제를 악화시키는 데 기여해 왔다는 것을 깨달았다. 또한 나는 프랭크가 나에게 보여 준 지지와 도움을 신뢰하게 되었다. 결혼 생활은 결코 나쁘지 않았다. 부모님은 여전히 불평하면서 자신들의 변덕에도 불구하고 남동생과 내가 그 모든 것을 받아들여야 한다고 믿고 있지만 그래도 나는 그들이 바뀌지 않을 것이라는 사실을 받아들이려 한다. 그 결과 죄책감이 들거나 공황 상태를 경험하는 일도 훨씬 적어졌고, 남동생과는 더 가까워졌으며, 부모님도 예전만큼 그렇게 나를 몰아세우지는 못했다.

최종 결론

* 이 책에서 주장하고 있는 주요 논지 중의 하나는 다른 스포츠, 취미 혹은 당신이 배우고 있는 새로운 기술과 마찬가지로 문제해결 기술 또한 연습할 필요가 있다는 것이다. 필자는 이 점을 다시 한 번 강조하고자 한다. 13세기 페르시아의 철학자 사디 Sa'di의 말처럼 우리의 표현으로 바꾸어 말하면, 연습하지 않는다면 이론에 대해 아무리 많은 것을 읽어도 그것을 알지 못한다.

* 이 책에서는 스트레스성 문제를 가질 때마다 각각의 5단계 모두를 매번 적용하라고 권장하는 것인지 아니면 그럴 필요가 없다는 것인지에 대해 의문을 가질 것이다. 절대 5단계 모두를 거칠 필요는 없다! 대신에 필자는 이러한 기술을 사용하는 연습을 통해서 궁극적으로는 저절로 이를 활용하게 되고, 그것을 훨씬 쉽게 적용할 수 있게 되기를 바란다. 그러나 어떤 문제의 경우에는 문제 자체를 정확하게 파악하여 정의 내리기가 쉽지 않아서 그 부분에 더 많은 시간과 노력을 필요로 하는 반면, 또 어떤 문제들은 결정을 내리는 일이 매우 어려워서 그것에 초점을 두고 많은 노력을 기울여야 함을 알게 될 것이다. 또 다른 문제의 경우에는 해결책의 아이디어들을 더 많이 생성할 필요가 있다거나 해결책에 대한 계획 수립이 복잡하여 더 많이 준비해야 할 필요가 있기도 하다. 따라서 특정한 상황

에 맞추어서 그에 해당되는 기술을 적용하기를 바랄 뿐이다. 문제를 인식하는 방법에 관해서는 5장에서 요약되었는데, 그 내용의 지침을 따른다면 언제 그렇게 해야 할지를 알 것이다. 달리 말하면, 자신의 감정이나 생각 그리고 행동을 안내자의 역할로 잘 활용해서 특정한 문제해결 기술을 어느 때에 집중해서 사용할 필요가 있는지를 알아차릴 수 있어야 한다. 그리고 앞서도 언급했지만, 필자가 다루었던 내담자들의 경우를 보면, 문제해결에서 어려움에 직면했을 때 그 문제에 해당하는 부분으로 되돌아가서 한 단계 한 단계 읽으면서 시행해 볼 수 있는 안내 자습서를 활용한 것이 해결과정에 가장 큰 도움이 되었다고 대부분 이야기했다.

* 언젠가는 시간이 부족한 상태에서 어떤 문제를 해결해야 하는 경우도 있을 것이다. 이러한 도전의 상황에 도움이 될 수 있도록 하기 위해 '신속한 문제해결' 안내 지침을 부록에 실었다.

* 이 책에서는 전체적으로 다양한 견해를 강조하거나 설명하기 위해서 인용문을 즐겨 사용했다. 인용문 사용을 즐기는 필자는 어린 시절 병으로 인해 귀와 눈이 멀어 버린, 나중에는 자선 활동으로 인해 많은 사람들의 역할 모델이 되었던 헬렌 켈러Helen Keller가 했던 말로 마무리를 짓고자 한다. 그녀의 다

음 말은 이 책의 철학을 한마디로 나타내는 것이다.

 온 세상은 고통으로 가득 차 있지만
그것을 극복하는 힘으로도 가득 차 있다.

일상생활 고민, 남들은 어떻게 해결할까

부 록

Solving Life's problems

성공을 시각화하는 연습

  다음의 연습은 다양한 문제해결 목표를 설계하고 달성하는 데 도움을 준다. 이 연습에서는 '미래를 미리 여행하기 위해' 스스로 상상력을 발휘하여 몇 년 후의 자기 모습을 지금 방문해 볼 것을 요구한다. 이러한 시각화는 무엇이든 가능하기 때문에 당신이 원하는 대로 마음속에 그려 볼 수 있다. 그리고 현재와 비교할 때 미래의 그곳 상황이 어떻게 변했는지, 자신의 주변과 소유물은 어떤 것인지 둘러보고, 자신이 어떤 것을 성취했는지도 살펴보자. 그리고 누구와 함께 있는지, 미래의 자신은 여가 시간을 어떻게 보내고 있는지 등을 알아보는 것이다.

  다음은 시각화 연습을 위한 지시 사항을 구체적으로 나타낸 대본이다. 집에서 연습할 때는 자기 자신이나 친구 중 한 사람이 이 대본을 녹음해 두면 좋다. 녹음 시에는 정신을 집중해서, 상황을 생각해야 할 부분에서는 시간을 들여서 지시 사항을 천천히 읽어야 한다는 것을 명심하자. 마음의 눈과 자신의 감각을 모두 활용해서 가능한 한 제대로 어떤 장면을 시각화하도록 한다. 그리고 할 수 있다면 최선을 다해 그 상황을 경험해 본다. 경험한 내용을 녹음하면 틈이 날 때 들을 수 있으며, 자신에게 필요한 것이 무엇인지를 억지로 기억해 내느라 혼란스러워질 일도 없게 된다. 유용한 정보가 되도록 실제의 대본을 여기에 싣기로 한다.

🕐 시각화 대본

눈을 감고, 몸의 긴장된 부분을 이완시키자. 이제 마음속으로 안전하고 조용한 곳을 찾아 집 밖의 특별한 곳을 향해 나아가라. 주위를 둘러보고 먼 곳뿐 아니라 가까이에서 보이는 것을 주목하라. 자신에게 그 장면을 조용히 설명하라. 이제 미래의 세계로 연결되는 오솔길을 찾아보자. 그 오솔길 옆의 나무 그루터기 혹은 나뭇가지를 주목하라. 오솔길 앞에 있는 그 나뭇가지가 길을 따라 걸어 나가는 당신을 방해하고 있다고 상상해 보라. 자신이 목표를 향해 변화하고 나아가는 것을 망설이고 두려워하는 것은 이 나뭇가지 때문이다. 자신이 이 나뭇가지와 나무를 건너뛰어서 망설임과 두려움을 극복하는 장면을 시각화하라.

그 오솔길을 따라 걷고 있는데 가파른 언덕이 나타난다. 자기 자신을 믿지 못하고 의심하는 것은 이 언덕 때문이다. 언덕 꼭대기에 올라가면 무엇이 나타날지 전혀 가늠하지 못하더라도 천천히 걸어서 언덕을 올라가 보라. 한 걸음씩 뗄 때마다 목표에 도달하게 될 것이라는 자신감을 쌓아 나간다.

언덕 꼭대기에 도착했을 때, 햇빛을 차단하고 있는 울창한 나무숲을 지나게 된다. 당신이 다른 것들에 방해를 받아서 최종적인 목표를 잘 보지 못하게 되는 것은 이 숲에 있는 갖가지 장애물 때문이고, 목표를 향해 나아가지 못하게 하는 매일매일의 문제는 물론 원하지 않는 두려움도 이 숲 때문에 생기는 것이다. 그러나 밝은 곳을 향해 나무들을 헤쳐 나가니 이제 당신은 햇볕이 내리쬐는 들판에 서 있다. 저 멀리 집이 보인다. 이곳이 바로 당신이 여러 해 동안 안전하고 평온하게 살아왔던 미래의 집인 것이다.

집으로 들어가서 둘러보라. 무엇이 보이는가? 어떻게 장식되어 있는가? 어떤 그림이나 사진이 걸려 있는가? 거울에 비친 자신의 모습을 바라보라. 어떻게 보이는가? 가족 혹은 친구가 집으로 들어가는 장면을 주시하라. 그들은 서로에게 어떻게 행동하고 있는가? 자신이 그 사람들에게 어떻게 대하고 있는지 자신이 하는 말에 귀를 기울여 보고 자신이 흐뭇하게 생각하는 것은 무엇인지를 알아보라. 가장 자랑스러워할 만한 업적은 무엇인가? 여가 시간에 당신은 무엇을 하고 있는가? 아마 텔레비전을 보고, 경주용 차를 조종하고, 배를 타고, 낚시를 하고, 아이들과 놀아 주거나 클래식 음악을 들을 것이다.

이제 가장 감사할 일은 무엇인지 자신에게 물어보라. 지난 몇 년을 돌이켜 볼 때 자신의 경험 중 특히 감사하게 여겨지는 것은 무엇인가? 가장 자랑스러운 것은? 아마 성공적인 연설, 마라톤 경주에서 뛴 것, 좋은 친구들을 만난 것, 자녀들이 자신감을 가지도록 키운 것, 아픈 친구를 방문한 것, 다른 사람들이 당신을 의지할 만한 사람이라고 여기는 것 등이 있을 것이다. 어떤 것이든 가능하다. 단, 이것은 현재 시점에서 일어나고 있는 일에 대한 시각화가 아니고 당신이 희망하고 바라는 것에 대한 시각화임을 명심하라.

미래로의 여정이 끝났으면 마음속 장면들이 사라지게 놔두고, 현재의 시점으로 돌아와서 '지금 그리고 여기'의 문제로 다시 복귀한다. 눈을 뜨고 마음속에 남아 있는 장면들을 간략한 목록으로 만들어라. 미래에 관한 한두 가지 목표를 골라 세부 사항들과 마음속에 떠오르는 특정한 시각적 장면들에 대하여 적어라.

매주 한 번씩 시각화 시행하기

목표를 위한 단계별 계획을 구체적으로 세우기 위해서 일주일에 한 번은 시각화 과정을 실시한다. 현재의 목표를 이루기 위한 단계들을 자신이 정확하게 실천하고 있는 이미지를 상상해서 그려 보라. 예를 들면, 일주일에 두 번 정도 당신이 4개월에 걸쳐 운동하고 있는 장면을 상상해 보라. 운동복 차림으로 헬스장에서 열심히 운동하면서 자긍심을 느끼는 상황을 상상해 보라. 그곳에서 자신이 가장 좋아하는 음악이 흐른다고 마음속으로 그려 보고 몸이 튼튼해지는 느낌과 몸에 땀이 흠뻑 젖어 있는 상황을 시각화하라. 이러한 과정을 시각화할 때마다 목표에 도달하는 것에 대한 긍정적인 효과를 경험할 것이며, 실제로 그렇게 하고 싶은 욕구가 더 커질 것이다.

또 다른 예로 프로^{미식} 축구 경기를 실제 볼 수 있다고 상상하여 시각화하자. 출퇴근 시간에 마시는 커피 두 잔 값을 매일 절약하는 모습을 시각화하고 그 돈으로 축구 경기를 볼 수 있다고 상상한다. 티켓을 예매할 수 있는 웹 사이트를 검색하기 위해 컴퓨터 사용법을 배우는 모습을 시각화하고, 40야드 라인 안에 있는 좌석표 두 장을 예매하는 모습을 상상하라!

또 다른 예로 빚을 지고 있는 처지를 벗어나 따뜻하고 안전하게 느끼는 집에서 지내면서 해방감을 만끽하는 상황을 시각화하라. 당신은 사랑하는 사람들과 함께 살고 있으며 그들이 당신을 믿고 의지한다고 상상하라. 먼저 집세를 지금보다 절반 정도 줄일 수 있는 공동 아파트_{다른 사람들과 같이 사용하는 아파트}로 잠시 이사 간 다음, 지역 은행에 가서 금융 전문 상담가에게 조언을 구하고, 가족과 친구들에게는 가까운 곳에 주거할 수 있는 마땅한 곳이 있는지 찾아봐 달라고 하고, 주거 형태에 관한 모든 방안들마다_{예: 임대주택, 단독 주택, 분양 아파트, 노인 주택 지구} 각각의 비용과 장점을 알아보면서 목표를 향해 하나하나 노력해 나간다고 상상하라!

또 다른 경우로 자신이 가지고 있는 일련의 목표들을 시각화하라. 시각화한 목표들을 실제로 하나하나 이루게 되면 그다음 목표를 달성하기 위해 이것들에 대해서도 단계별로 일주일 단위나 혹은 하루 단위로 시각화를 시작해 나간다.

장래의 목표를 시각화하는 기본 전략과 관련하여 이를 사용하는 가장 큰 이유는 실제 그러한 목표를 성취하는 데 필요한 단계별 로드맵_{일정표}을 미리 설정할 수 있기 때문이다. 로드맵을 개발할 때는 전체적인 목표를 기록하고 또한 각 목표를 달성하기 위한 작은 단계들의 내용을 기록하여 정리하라. 달성하기가 쉽지 않은 목표인 경우, 최종 목표를 꾸준히 염두에 두는 데 종종 인내심에 한계를 느끼게 된다. 많은 사람들이 자신의 목표 달성을 포기하게 되는 이유가 바로 여기에 있다. 즉, 노력을 해도 목표가 너무 멀리 있는 것으로 느껴지기 때문이다. 한편, 각각의 목표를 달성해 나가는 장면을 시각화하면, 노력한 성과가 작은 것에 지나지 않을지라도 계속 잘해 나가고 있다는 기분을 느끼게 되어, 진전되고 있다는 인식이 생기므로 목표를 향해 계속해서 나아갈 수 있는 것이다.

스트레스 관리를 위한 심호흡 연습

심호흡 연습을 하는 것은 불안과 긴장이 있을 때 신체적으로 당신이 잘 대응하도록 도와주기 위한 것이다. 대부분의 사람들처럼 당신도 아마 호흡이란 저절로 되는 당연한 것이라 생각할 것이다. 만약 그렇다면 매일 먹는 밥의 기능을 간과하는 것처럼 호흡의 중요성을 인식하지 못하는 셈이다. 비록 호흡이 간단하고 자동적인 활동처럼 보인다 하더라도 당신의 호흡은 건강에 매우 중요한 결과를 가져온다.

특정한 유형의 호흡은 특히 도움이 된다. 심리학자들은 사람들에게 천천히, 규칙적으로 호흡하는 방법을 가르침으로써 몸을 이완하도록 돕고 그들이 자신의 마음을 평안하게 유지할 수 있다는 것을 보여 주었다. 더욱이 깊고 규칙적인 호흡은 심장의 박동을 개선시킬 수 있다는 과학적 증거들이 있다. 현재의 과학적 연구에 따르면 정서적으로 스트레스성 경험에 노출되었을 때 호흡과 긍정적인 정신 상태를 조합하게 되면 일상적인 스트레스 요인에 대해서 부정적인 마음과 몸의 반응을 효과적으로 감소시킬 수 있다고 한다.

건강하고 평온한 호흡을 위해서는 배로 호흡하는 것이 필요하다. 이러한 유형의 호흡은 복식호흡이라고 불리며 흉식호흡과는 많이 다르다. 흉식호흡은 가벼운 정도라도 스트레스를 경험할 때 종종 나타난다. 이는 불규칙적이고 호흡이 빠르게 이루어지는 편이며 얕은 호흡에 속한다. 어떤 경우 사람들이 매우 놀라거나 당황할 때는 실제로 숨을 죽이게 된다. 어떤 사람들은 호흡이 너무 빨라져서 실제로 죽는 경우도 있다. 호흡을 제대로 하지 못하게 되면, 특히 본태성 고혈압 원인이 확실하게 밝혀지지 않은 경우, 즉 특별한 원인 질환이 없으면서도 혈압이 높은 경우, 공황 발작, 근육 긴장, 피로, 두통 그리고 부정적인 정서와 같은 많은 문제에 영향을 미치게 된다.

한편, 복식호흡 혹은 횡격막 호흡은 아기가 자연적으로 하는 호흡일 뿐만 아니라 성인의 경우에 이완되거나 평화롭게 휴식을 취할 때 하게 되는 호흡의 유형이다. 이는 가수들이 목소리를 잘 내려고 할 때 사용되기도 하고, 여성이 아기를 낳을 때 가빠지는 호흡을 처리하기 위한 통증 관리에도 사용된다. 복식호흡은 우리 몸이 안정되도록 돕는 가장 단순하고, 가장 비용이 적게 들며, 가장 안전한 방법 중의 하나다. 몸과 마음의 상호작용에 대해 전문 지식이 있는 의사들에 따르면 호흡이란 언제나 우리가 사용할 수 있는, 놀랄 만큼 강력한 건강을 위한 도구라고 말한다.

심호흡

건강뿐 아니라 스트레스 관리를 잘하려면 호흡을 어떻게 하는 것이 효과적인지를 다음 각 단계를 따라서 배우도록 한다.

[1단계]   편안한 자세로 눕거나 앉아서 눈을 감는다.

[2단계]   손을 천천히 몸에 갖다 댄다. 오른손은 갈비뼈 바로 밑부분(명치 바로 밑부분)의 배 위에 허리선과 대략 평행하게 놓고 또한 왼손은 가슴의 중앙 부분인 목 바로 아래에 놓는다.

[3단계]   자신이 호흡하는 것을 자각하고 어떻게 호흡하고 있는지를 살펴라. 어떤 손이 더 많이 움직여 올라오는가? 만약 배 위에 올려놓은 오른손이 자꾸만 오르락내리락한다면 횡격막으로

더 많이 호흡하고 있는 것이다. 이것이 가장 좋은 호흡 방식이다. 손을 배에 계속 올려놓고 이렇게 되도록 연습하라. 숨을 들이쉴 때는 아랫배 전체가 풍선에 공기가 가득 찬 것처럼 되었다고 상상해 보라. 숨을 내쉴 때는 배에 든 모든 공기가 빠져나가서 마치 풍선에서 바람이 빠져나가는 것처럼 축 처진 느낌을 상상하라.

[4단계] 5분 동안 다음의 지시를 따르라.

* 배에 공기가 가득 차도록 코를 통해 배로 천천히, 깊게 숨을 들이마셔라 코로 들이마시는 것이 어렵다면 입으로 호흡해 보라.
* 이제 조용히, 천천히 불을 끄듯이 바람 소리처럼 '후' 소리를 내면서 입을 통해 숨을 내쉬어라. 입술을 오므려 'O' 모양을 만들고 마치 물 위에 띄운 종이배가 바람에 나아갈 듯 숨을 내쉬어라. 길게, 천천히, 깊게 호흡하라.
* 배가 올라가고 다시 내려가는 것을 느껴 보라.
* 호흡하면서 숨을 들이쉴 때 '나는 생명을 들이마신다.' 숨을 내쉴 때 '나는 다른 사람에게 생명을 불어넣고 있다.'와 같은 구절 다른 구절도 좋다. 예를 들면 '좋은 숨을 들이마시고 있어서 지금 내 몸의 긴장이 풀어지고 있다.' 처럼 말이다. 을 반복하라 조용하게 또는 큰 소리로.
* 대략 5분 동안 이런 방식으로 계속 호흡하라.

적어도 하루에 한 번씩은 이 호흡법을 연습하라. 한 번 연습하는 데 3∼5분 정도밖에 걸리지 않는다. 이 기술을 능숙하게 사용하게 되면, 스트레스를 받는 동안 눈을 감거나 손을 배 위에 올려놓지 않고도 몸을 안정시킬 수 있다. 예를 들어, 슈퍼마켓에서 긴 줄을 서서 기다리는 동안, 교통신호를 기다리는 동안, 직장에서 중요한 발표를 하기 전 혹은 어려운 시험을 치루는 동안 이 기술을 편리하게 사용할 수 있다. 특히 문제해결을 시도할 때 스트레스를 받는다면 이 기술을 사용하라.

시각화를 통해 안전한 장소로 여행하기

4장에서 설명한 시각화 연습은 어려운 문제를 해결하거나 대처하는 경우 비관적인 기분이 들려고 할 때마다 '터널 끝의 빛'을 더 잘 볼 수 있게 도와주었다. 이러한 시각화 연습은 특히 부정적인 정서나 각성을 낮추도록 도와주는 스트레스 관리 도구이기도 하다. 이와 유사한 방식으로, 당신은 마음의 눈을 사용하여 어떤 장면을 생생하게 상상하게 된다. 그러나 이번에는 당신이 가장 좋아하는 휴가 장소와 같이 안전한 장소를 택하는 경우를 다룰 것이다. 몸을 이완하고 안정시키는 수단으로써 마음속으로 휴가를 떠났다고 생각하라. 당신이 포근하고 안전하게 느끼고,

해방감을 갖고 자기 본연으로 돌아가게 하는 안락한 장소가 기다리고 있다. 특히 스트레스를 받을 때 이것이 유용하다. 스트레스성 상황_{예: 상사에게 월급 인상을 요구하는 상황}에 놓이는 경우에도 이 도구를 사용하면 마음이 편안해지고 이완된 상태로 될 수 있다.

 준 비

집에서 연습하려면 자기 자신이나 혹은 친구가 이 대본을 녹음하는 것이 더욱 유용하다. 녹음을 할 때는 천천히 읽는 것에 주의하는 한편, 집중이 필요하거나 마음속 장면을 생각할 필요가 있는 부분에서는 잠시 멈춰서 뜸을 들이도록 한다. 마음의 눈과 그 밖의 감각을 잘 살려서 가능한 한 마음속 장면들을 한껏 시각화해 보라. 이런저런 것들을 마음속 장면을 통해 가능한 한 잘 경험해 보려고 노력하라. 그것을 녹음해 두면 여가 시간에 들을 수 있고, 어떻게 했었는지 기억하기도 수월하다. 이완에 도움이 되는 연주곡 중 가장 좋아하는 곡을 배경음악으로 틀어 놓을 수도 있다. 이 방법으로 당신은 계속 사용할 수 있는 자신만의 시각화 테이프를 갖게 된다.

뒤로 젖혀지는 소파, 누울 수 있는 긴 소파, 침대 혹은 푹신한 바닥과 같이 시각화를 연습하기 위한 편안한 장소를 찾아라. 느슨한 옷을 입고 안경이나 콘택트렌즈를 빼고, 차분한 방 분위기를 만들기 위해 조명을 낮추는 것을 잊지 않도록 한다. 우선 적어도 일주일 동안 매일 이것을 연습하라. 다른 기술_{예: 운전, 컴퓨터}

사용하기, 피아노 치기을 배우는 것처럼 이 도구도 연습하는 것이 중요하다. 연습은 많이 하면 할수록 더 좋다. 한두 번만 연습해서는 불안 혹은 부정적인 각성을 크게 줄이기가 어렵다. 그래서 연습이 중요한 것이다. 한 번의 연습을 마치는 데는 10~15분 정도 걸린다.

 시각화 대본

천천히 눈을 감아라. 눈을 가볍게 감은 상태에서 이마의 중간 부분을 보며 안구를 약간 위와 안쪽으로 돌리면 몸은 더 빨리 이완된다는 것을 느끼게 될 것이다. 중요한 것은 눈을 감는다는 것인데, 이렇게 되면 세상과 격리되어 내면의 항해를 시작할 수 있기 때문이다. 몸을 이완시켜라. 시각화를 극대화하려면 이 점이 중요하다.

당신은 지금 안전한 장소로 향하고 있다. 천천히, 깊게 호흡하라. 이제 천천히 감은 눈에 손바닥을 갖다 대고 눈과 얼굴을 쓰다듬어라. 손을 몸의 양옆으로 내리고 몸 전체가 이완되도록 하라. 당신은 지금 평화롭고 편안하며 자신만의 안전한 특별 장소로 조용하고 은밀하게 들어가려고 한다. 이 장소에 대해서는 매우 상세하게 상상력을 펼쳐 보도록 한다. 먼 곳을 응시하며 모든 감각을 통해 해당 장소를 클로즈업해서 경험해 본다. 또한 원한다면 당신의 배우자나 친구 혹은 가족 중에서 필요한 사람들에게 방을 제공할 수도 있다.

당신의 안전한 장소는 바닷가로 이어지는 산책로의 끝자락에 자리할 수 있다. 발밑에는 모래가 있고, 20야드_{약 18m} 밖에는 물과 갈매기, 보트가 있고, 저 멀리에는 구름이 있다. 태양 밑으로 구름이 지나가면 공기가 차갑게 느껴지고 갈매기는 서로를 부르고 있다. 태양은 해안선에 연이어 너울거리는 파도 위에서 희미하게 빛나고 산책로에는 맛있는 음식 냄새가 풍기고 있다.

　또 다른 안전한 장소는 나무 패널로 만들어진 따뜻하고 작은 공간일 수 있으며 이곳 주방에서는 계피 빵을 굽는 냄새가 난다. 창문 너머로 마른 옥수수 줄기가 길게 늘어져 있는 들판을 볼 수 있고, 난로에서는 '딱딱' 소리를 내며 자작나무가 타고 있다. 여러 개의 초가 라벤더 향을 피우고 있고 당신 앞의 식탁에는 따뜻한 차가 담긴 찻잔이 있다. 단 몇 초만이라도 자신만의 안전한 장소를 확인해 보라. 바닷가나 따뜻한 집도 좋고, 다른 어떤 곳이든 좋다. 중요한 것은 이곳이 바로 당신이 가게 될 장소라는 점이다.

　이제 눈을 감고 아주 편안한 기분을 만끽하라. 당신의 안전하고 조용한 장소를 천천히 걸어가 보라. 당신의 마음이 당신을 그곳에 데려가도록 하라. 그 장소는 내부일 수도 있고 외부일 수도 있다. 그러나 그곳이 어디든지 간에 평화롭고 안전해야 한다. 불안과 걱정이 당신을 비껴 지나가고 있는 그림을 마음속에서 그려 보라. 먼 곳을 바라보라. 무엇이 보이는가? 멀리 보이는 것을 시각적인 장면으로 나타내 보라. 어떤 냄새가 나는가? 무엇이 들리는가? 정면에 있는 것을 주목하라. 다가가서 만져 보라. 어떻게 느껴지는가? 냄새를 맡아 보라. 기분 좋은 소리를 들어 보라. 안락한 방의 온도를 유지하라. 이곳은 안전해야 한다. 특별하고 사적인 공간을 둘러보라. 땅 혹은 지구가 당신의 발밑에 있는 것처럼 느껴 보라. 어떤 느낌이 드는가? 위쪽을 바라보라. 무엇이 보이는가? 무엇이 들리는가? 어떤 냄새가 나는가?

이제 조금 걷다가 멈추어 본다. 무엇인가를 손끝으로 살짝 만져 보라. 당신이 만지고 있는 것의 감촉은 어떠한가? 이곳은 자신만의 특별한 장소이며, 당신에게 해가 되거나 당신을 당황하게 할 만한 것은 아무것도 없다. 원한다면 당신은 언제든 이곳에 와서 쉴 수 있다. 당신이 원하는 만큼 안전하고 평화로운 이곳에 머물러 깊고 천천히 호흡하고 평안함을 만끽하라.

함께하기를 바라는 누군가가 있는가? 그렇다면 그 혹은 그녀가 지금 함께 있으면서 안전한 장소의 평화로움과 평온함을 즐기고 있다고 상상하라. 만약 함께할 사람이 없다면 없는 대로 좋다. 그러면 진정으로 당신만의 휴가가 될 것이다.

이제 천천히 일어서서 지나온 길을 따라 똑같은 단계를 밟으며 당신의 안전한 장소를 떠나라. 주변을 관찰하라. 자신에게 다음과 같은 문구를 말해 주어라. '나는 여기서 평온함을 찾을 것이다. 여기는 나만의 특별한 장소이고 원한다면 언제든 이곳에 와서 쉴 수 있다.'

이제 천천히 눈을 뜨고 주변에 친숙해져라. 이때 이완되어 평온한 느낌은 집까지 가져가도록 하라.

신속한 문제해결

실제 일상생활에서는 재빠른 결정과 즉각적 행동을 요구하는 예상치 못한 문제가 자주 발생한다. 이런 문제의 경우에는 지금까지 우리가 배운 조심스럽고 신중한 문제해결 과정을 그대로 적용할 수 없다. 그러나 문제를 해결하는 데 사용할 수 있는 시간이 1분밖에 안 되는 경우라 해도 여기서 배운 여러 가지 문제해결의 기본 원리는 여전히 효과적인 문제해결에 도움이 된다.

다음에 신속하면서도 효과적인 해결 반응을 요하는 문제에 직면한 사람들이 따르면 도움이 될 만한 절차를 소개하였다.

[1단계] 스스로에게 다음과 같이 말하라.

* 숨을 깊게 들이마시고 마음을 가라앉힌다그 상태에 머물러라.
* 하늘이 무너져도 솟아날 구멍은 있다.
* 이 문제를 도전으로 생각하라.
* 나도 이 정도의 문제는 충분히 처리할 수 있다.
* 멈추어서 생각하라.

[2단계] 스스로에게 다음과 같은 질문을 하라.

* 무엇이 문제인가? '현재 상태'와 '바라는 상태'간의 괴리를 진술한다.

＊ 내가 달성하고 싶은 것은 무엇인가? 목표를 진술한다.

＊ 나는 왜 이 목표를 달성하려고 하는가? 필요할 경우 목표를 확대한다.

[3단계] 해결책을 한 가지만 만들어 보라. 그런 후에 적어도 두세 가지 이상의 다른 해결책을 생각해 보라.

[4단계] 해결책을 평가하는 데 있어서 가장 중요한 기준이 무엇인지를 생각하라. 적어도 두세 개, 예를 들어 '이 해결책으로 목표 달성이 가능할까?', '다른 사람들 사람들에게는 어떠한 영향을 미칠까?', '이 해결책을 수행하는 데 얼마나 많은 시간과 노력이 필요할까?' 등을 생각해 내고 이것 외에도 중요하다고 여겨지는 다른 기준들도 생각해 낸다.

＊ 최선으로 보이는 대안의 선택을 신속히 한다.

＊ 해결책을 개선시킬 수 있는 신속한 방법을 한두 가지 생각해 놓는다.

[5단계] 해결책을 실행하고 다음의 질문을 하라.

＊ 성과에 만족하는가?

＊ 만약 성과에 만족하지 않는다면 시간이 허락하는 대로 차선의 해결책을 실행한다.

앞서 설명한 절차를 3분 이내에 적용할 수 없는 경우에는 2단계의 세 번째 항목과 4단계의 두 번째 항목을 생략하면 시간을 줄일 수 있다. 시간 제약이 심한 경우에는 단계별 절차를 따르지 않아도 여기에서 제시한 내용이 문제해결의 효과를 높일 수 있을 것이다. 🌳

D'Zurilla, T. J. (1990). Problem-solving training for effective stress management and prevention. *Journal of Cognitive Psychotherapy: An International Quarterly, 4,* 327-355.

D'Zurilla, T. J., & Goldfried, M. R. (1971). Problem solving and behavior modification. *Journal of Abnormal Psychology, 78,* 107-126.

D'Zurilla, T. J., & Maydeu-Olivares, A. (1995). Conceptual and methodological issues in social problem-solving assessment. *Behavior Therapy, 26,* 409-432.

D'Zurilla, T. J., & Nezu, A. M. (1982). Social problem solving in adults. In P. C. Kendall (Ed.), *Advances in cognitive-behavioral research and therapy* (Vol. 1, pp. 202-274). New York: Academic Press.

D'Zurilla, T. J., & Nezu, A. M. (1990). Development and preliminary evaluation of the Social Problem-Solving Inventory (SPSI). *Psychological Assessment: A Journal of Consulting and Clinical Psychology, 2,* 156-163.

D'Zurilla, T. J., & Nezu, A. M. (in press). *Problem-solving therapy: A positive approach to clinical intervention* (3rd ed.). New York:

Springer Publishing Co.

D'Zurilla, T. J., & Nezu, A. M., & Maydeu-Olivares, A. (2002). *Manual for the Social Problem-Solving Inventory-Revised.* North Tonawanda, NY: Multi-Health Systems.

D'Zurilla, T. J., Nezu, A. M., & Maydeu-Olivares, A. (2004). Social problem solving: Theory and assessment. In E. C. Chang, T. J. D' Zurilla, & L. J. Sanna (Eds.), *Social problem solving: Theory, research, and training* (pp. 11-27). Washington, DC: American Psychological Association.

Frankl, V. E. (1984). *Man's search for meaning.* New York: Pocket Books.

Levine, M. (1988). *Effective problem solving.* Englewood Cliffs, NJ: Prentice Hall.

Nezu, A. M. (2004). Problem solving and behavior therapy revisited. *Behavior Therapy, 35,* 133.

Nezu, A. M., D'Zurilla, T. J., Zwick, M. L., & Nezu, C. M. (2004). Problem-solving therapy for adults. In E. C. Chang, T. J. D' Zurilla, & L. J. Sanna (Eds.), *Social problem solving: Therapy, research, and training* (pp. 171-191). Washington, DC: American.

Nezu, C. M., & Nezu, A. M. (2003). *Awakening self-esteem: Psychological and spiritual techniques for improving your well-being.* Oakland, CA: New Harbinger.

Nezu, A. M., & Nezu, C. M. (in press). Problem solving. In W. T. O'

Donohue & E. Livens (Eds.), *Promoting treatment adherence: A practical handbook for healthcare providers.* New York: Sage Publications.

Nezu, A. M., Nezu, C. M., Friedman, S. H., Faddis, S., & Houts, P. S. (1998). *Helping cancer patients cope: A problem-solving approach.* Washington, DC: American Psychological Association.

Nezu, A. M., Nezu, C. M., Felgoise, S. H., McClure, K. S., & Houts, P. S. (2003). Project Genesis: Assessing the efficacy of problem-solving therapy for distressed adult cancer patients. *Journal of Consulting and Clinical Psychology, 71,* 1036-1048.

Nezu, A, M., Nezu, C. M., & Jain, D. (2005). *The emotional wellness way to cardiac health: How letting go of depression, anxiety, and anger can heal your heart.* Oakland, CA: New Harbinger.

Nezu, A. M., Nezu, C. M., & Perri, M. G. (1989). *Problem-solving therapy for depression: Therapy, research, and clinical guidelines.* New York: Wiley.

Nezu, A. M., & Perri, M. G. (1989). Social problem solving therapy for unipolar depression: An initial dismantling investigation. *Journal of Consulting and Clinical Psychology, 57,* 408-413.

Nezu, A. M., Wilkins, V. M., & Nezu, C. M. (2004). Social problem solving, stress, and negative affective conditions. In E. C. Chang, T. J. D'Zurilla, & L. J. Sanna (Eds.), *Social problem solving: Therapy, research, and training* (pp. 49–65). Washington, DC: American Psychological Association.

Nezu, C. M., Palmatier, A., & Nezu, A. M. (2004). Social problem-solving training for caregivers. In E. C. Chang, T. J. D'Zurilla, & L. J. Sanna (Eds.), *Social problem solving: Therapy, research, and training* (pp. 223–238). Washington, DC: American Psychological Association.

Arthur M. Nezu, Ph. D. ABPP.

스토니브룩의 뉴욕 주립대학교에서 학위를 받고, 드렉셀 대학교의 심리학과 교수로 재직 중이다. 현재 Professional Psychology의 미국 이사회 이사이자, American Psychological Association, Association for Psychological Science, Society of Behavior Medicine, American Academy of Cognitive and Behavioral Psychology, Academy of Cognitive Therapy의 회원이기도 하다. 또한 Association for Advancement in Behavioral Therapy현재의 Association for Behavioral and Cognitive Therapies를 비롯한 여러 학회의 회장을 역임하였다. 그는 170편 이상의 출판물에 저자 또는 공동 저자로 참여했으며, 이들 출판물 중 다수가 여러 나라에서 번역되었다. 또한 *Behavior Therapists*의 편집장을 비롯하여 여러 학술지의 편집위원으로 활동했으며, 현재는 National Institute of Mental Health미국 국립보건원의 Intervention Research Review Committee개입연구 평가위원회의 상임위원으로 활동 중이다. Association for Advancement in Behavioral Therapy와 World Congress for Behavioral and Cognitive Therapies의 수상자이기도 한 그는 25년이 넘도록 심리학자로서 활동하고 있으며, Professional Psychology의 미국 이사회에서 인준받은 전문위원이다.

Christine Maguth Nezu, Ph. D. ABPP.

드렉셀 대학교의 심리학과 교수로 재직 중이다. 그녀는 여러 과학 관련 출판물에 기고해 왔으며 국제적인 전문가 회의에서 많은 활동을 하는 한편, 저명한 심리학 학회의 논문 편집위원을 맡아 왔다. 인지행동심리학회의 회원인 그녀는 현재 Professional Psychology의 미국 이사회 회장이자 American

Board of Cognitive and Behavioral Psychology와 American Academy of Cognitive and Behavioral Psychology의 학회 이사를 맡고 있다. National Institute of Mental Health의 재심자로도 활동하고 있으며, 20년이 넘도록 심리학자로서 활동하고 있다.

Thomas J. D'Zurilla, Ph. D.

스토니브룩 대학교의 심리학과 교수로 재직 중이다. 그는 사회적 문제해결과 문제해결 치료에 관하여 새로운 이론과 연구논문들을 많이 발표했다. Art Nezu와 Albert Maydeu-Olivares와 함께 사회적 문제해결 능력을 측정하는 사회적 문제해결 검사-개정판Social Problem-Solving Inventory-Revised: SPSI-R을 출판했으며, 그의 저서와 측정도구는 스페인, 일본, 중국, 프랑스에서 번역되었다. American Psychological Association, Society for a Science of Clinical Psychology, Eastern Psychological Association, Association for Behavioral and Cognitive Therapies의 회원이기도 한 그는 임상심리학자로서 30년이 넘도록 활동하고 있다.

역자 소개

최이순
계명대학교 심리학 박사(임상 및 상담심리학 전공)
정신보건임상심리사 1급(보건복지부)
임상심리전문가(한국심리학회)
경남대학교 심리학과 겸임교수, 부산대학교 대학원 외래교수 역임
현재 부산 연산병원 임상심리과장

일상생활 고민,
남들은 어떻게 해결할까
Solving Life's Problems

2009년 10월 30일 1판 1쇄 인쇄
2009년 11월 10일 1판 1쇄 발행

지은이 | Arthur M. Nezu · Christine Maguth Nezu
         Tomas J. D'Zurilla
옮긴이 | 최이순
펴낸이 | 김진환
펴낸곳 | (주)**학지사** · INNER BOOKS 이너북스
         121-837 서울특별시 마포구 서교동 352-29 마인드월드빌딩 5층
         대표전화 • 02)330-5114 팩스 • 02)324-2345
등 록 | 2006년 11월 13일 제313-2006-000238호

홈페이지 | http://www.innerbooks.co.kr
커뮤니티 | http://cafe.naver.com/hakjisa

ISBN 978-89-92654-19-7 03180

정가 12,000원